Volkhardt Preuß

Florestan und Eusebius

Betrachtungen zum Klavierkonzert a-moll op. 54
von Robert Schumann

Für Delphine

Inhalt

Prolog

Was ist Romantik? Was ist romantisch?

Der romantische Mensch und mit ihm der romantische Künstler verliert sich in seinen Gefühlen und seinen Sehnsüchten. Er sucht das Bessere in einer anderen Welt. Er macht sich auf den Weg, die blaue Blume zu finden. Er ist dem Leben ausgeliefert, er zerfließt, er „kommt der Welt abhanden"...

Nicht das Gefühl sucht er, sondern die Befreiung davon, die Befreiung von der Qual. Er sucht seine Wurzeln, seine Heimat, die Ruhe. Er findet sie in der blauen Blume, unter dem Lindenbaum, selbst im Tode findet er sie oder nur dort in letztlicher Konsequenz, dann nämlich, wenn der Bach den müden Wanderer mit seinen Fluten umarmt. Doch was ist, wenn auch der Totenacker kein Wirtshaus mehr ist, wo er sich endlich zur Ruhe legen könnte nach langer und vergeblicher Wanderschaft, was ist, wenn diese unbarmherzige Schänke ihn abweist und er weiter muß, immer weiter? Sind die Nebensonnen, die in Schuberts „Winterreise" dem „Wirtshaus" folgen, ein seelisches „Whiteout", eine Erblindung im Weißen, wie man es im Winter im Gebirg erlebt, wenn der Nebel das Weiße der Schneefläche mit dem Himmel verschmelzen läßt und es keinen Horizont mehr gibt, keine verheißungsvolle Ferne? Und was kommt dann? Wer ist der Leiermann, der alles gehen läßt, wie es will? Ist es jener Gott, der schon längst totgeglaubt war?...

Der romantische Mensch hat keine Wurzeln mehr. Er ist sich selbst und seiner Welt fremd geworden. Das Wort „*fremd*" ist eines der wichtigsten überhaupt im 19. Jahrhundert. Das erste Wort der „Winterreise" Schuberts: „Fremd bin ich eingezogen", setzt auf dem höchsten Ton der Melodie an. „In der Fremde" heißt ein Gedicht Eichdorffs, das ist das erste Lied des Zyklus „Liederkreis" von Schumann:

> *Aus der Heimat hinter den Blitzen rot*
> *da kommen die Wolken her*
> *Aber Vater und Mutter sind lange tot*
> *es kennt mich dort keiner mehr.*

Und später:

> *...und über mir rauscht die stille Waldeinsamkeit...*

Der Blick geht plötzlich in die Natur, ein unvermittelter Kameraschwenk von der Innen- zur Außenwelt. Doch sind Innen- und Außenwelt identisch. Was ist denn die *Natur* anderes als ein Abbild der Seele des *Wanderers*? Mehr noch, sie *ist* seine Seele, durch die er wandert. *Fremde, Natur, Wanderer,* drei Idiome der Romantik. Den Wanderer finden wir in der „Winterreise" und der „Schönen Müllerin", ebenso wie in dem harmlosen Zyklus „Songs of Travel" von Vaughn-Williams („*Whither must I wander*"), und, natürlich, in Wagners gigantischem *Ring*. Denn auch Wotan, der traurige Gott, wird der „Wanderer" genannt, und als solcher erscheint er Siegmund und Siegfried. Er wandert durch seine schöne neue frühindustrielle Welt, die dem Untergang geweiht ist durch Gier, Vertragsbruch und moralische Schwäche - alles seine Schuld, denn er hört nicht auf die Urwalla Erda, er „hütet" sich nicht.

Der fremde, entwurzelte, heimatlose Wanderer streift durch die Natur und damit durch seine Seele, denn die Natur ist nichts als das Abbild seiner Seele:

Was ist die Welt so ruhig? Was ist die Welt so licht?
Als noch die Sürme tobten war ich so elend nicht

heißt es in dem Gedicht „*Einsamkeit*" von Wilhelm Müller aus der „Winterreise", und später, im „*Stürmischen Morgen*", wird es ganz klar:

Dein Herz sieht an dem Himmel
gemalt sein eignes Bild
Es ist nichts als der Winter
Der Winter kalt und wild

Ich finde es interessant, daß dieses romantische Vokabular sich bis in die Gleichheit von Gedichttiteln fortpflanzt. Denn auch von Heine gibt es ein Gedicht mit dem Titel „In der Fremde", mit dem gleichen Titel also wie das obige von Josef v. Eichendorff:

Es treibt dich fort von Ort zu Ort,
Du weißt nicht mal warum;
Im Winde klingt ein sanftes Wort,
Schaust dich verwundert um.

Die Liebe, die dahinten blieb,
Sie ruft dich sanft zurück:
O komm zurück, ich hab dich lieb,
Du bist mein einzges Glück!

Doch weiter, weiter, sonder Rast,
Du darfst nicht stillestehn;
Was du so sehr geliebet hast,
Sollst du nicht wiedersehn.

Mit dem Idiom der Fremde und des Wanderns geht Hand in Hand der bittere Abschied. Wie im letzten Lied „*Der Abschied*" aus dem „*Lied von der Erde*" von Mahler, der das Originalgedicht von Wang Wei so übersetzte:

> *Er stieg vom Pferd und reichte ihm den Trunk*
> *Des Abschieds dar. Er fragte ihn, wohin*
> *Er führe und auch warum es müßte sein.*
> *Er sprach, seine Stimme war umflort: Du, mein Freund,*
> *Mir war auf dieser Welt das Glück nicht hold!*
> *Wohin ich geh? Ich geh, ich wandre in die Berge.*
> *Ich suche Ruhe für mein einsam Herz.*
> *Ich wandle nach der Heimat, meiner Stätte.*
> *Ich werde niemals in die Ferne schweifen.*
> *Still ist mein Herz und harret seiner Stunde!*

> *Die liebe Erde allüberall*
> *Blüht auf im Lenz und grünt aufs neu!*
> *Allüberall und ewig*
> *Blauen licht die Fernen!*
> *Ewig... ewig...*

Zurückkehren in die Heimat: „*du fändest Ruhe dort*" rauscht der Lindenbaum verheißungsvoll dem Winterreisen-Wanderer in dem Lied „*Am Brunnen vor dem Tore*" entgegen, aus holder Jugendzeit. Doch: „*Holde Jugend, kehrst nie mehr zu mir zurück*", so klagt es in einem Lied von Robert Stolz, das meine Großmutter oft beim Bügeln sang. Eine lächelnde Klage, eine ergebene Klage, mit einer Träne und einem Achselzucken, jenem Achselzucken der Marschallin am Schluß des „Rosenkavaliers" von Richard Strauss, als sie Abschied nimmt vom blutjungen Oktavian, dem Gesetz des Lebens folgend, dem Gesetz des Alterns und des Abschieds... *"Ja, Ja"*, mehr gibt es für sie nicht mehr zu sagen, so segnet sie ihren Geliebten...

Der Abschied, die Wanderung in die Fremde, der Verlust der Heimat und die Erinnerung daran, die Sehnsucht, das sind die großen Themen der Romantik. Dieses auch in weiterem Sinne: der Abschied vom Leben, die Fremdheit im Leben selbst (wobei das Leben die Wanderung ist, wandernd leben wir), die Suche nach etwas Besserem, Erlösendem jenseits des Lebens, als Ziel der Wanderung. Der Tod nicht als etwas Bedrohliches also, sondern als Erlösung, als friedvolle Verheißung - das sind die Transzendenzen, die aus dem vierten Rückertlied Gustav Mahlers hervorscheinen, siehe unten. Und der Schlußakkord, eigenartig offen bei aller Geschlossenheit mit hinzugefügter Sexte, läßt Mahler nicht los. Er greift ihn auf am Schluß des Adagiettos der 5. Sinfonie, ein Selbstzitat zweifellos, und auch Alban Berg endet sein Violinkonzert mit ihm. Er weiß um die Assoziationskraft dieses Akkordes, klanggewordener Abschied, eine eingefrorene Melodie, die auf der sechsten Stufe stillsteht, doch gleichzeitig zur Auflösung, zur 5. Stufe, erklingt: kaum noch Dissonanz zu nennen, ein weicher, sanfter Abschied, mit lächelndem Winken am Schluß, fast tröstlich, so unbeschreiblich hart es auch immer sei: *dem Andenken eines Engels.*

Hier der Text des vierten Rückert-Liedes von Mahler:

Ich bin der Welt abhanden gekommen,
Mit der ich sonst viele Zeit verdorben,
Sie hat so lange von mir nichts vernommen,
Sie mag wohl glauben, ich sei gestorben.
...
Ich bin gestorben dem Weltgewimmel
Und ruh' in einem stillen Gebiet.

Ich leb' allein in mir und meinem Himmel
In meinem Lieben, in meinem Lied.

Welche Auswirkungen hat das alles auf die Zeit im Allgemeinen, dann auf die Musik und das Musikverständnis im Allgemeinen, dann Schumann im Speziellen, schließlich auf sein Klavierkonzert?

Der romantische Mensch antwortet auf zweierlei Weisen auf seine Zeit. Darauf, daß nichts mehr ist, wie es war, daß alle Wurzeln verloren sind, die vertrauten Strukturen, der Glaube. Darauf, daß der Mensch allein ist, auf sich allein gestellt. Darauf, daß er seinen Weg allein gehen muß in eine neue Zeit. (Und mancher hat die Katastrophen des 20. Jahrhunderts hellsichtig kommen sehen, Nietzsche zum Beispiel.) Darauf, daß wir *„von Klippe zu Klippe geworfen sind"*, wie Hölderlin sagt.

Wie also reagiert der romantische Mensch?

Einerseits rückgewandt: Er sehnt sich nach der Ferne, nach der Heimat. Dieses räumlich (*„hinter der Blitzen rot"*) oder zeitlich: Die „gute alte Zeit" wird zum kollektiven Affekt. Die Haltung des Großvaters, der seinen Enkeln von seiner Jugend erzählt oder *„ein Märchen aus uralten Zeiten"* (Heine, Loreley) wird zum gesellschaftlichen und kulturellen Phänomen. *„Es war einmal"*, so beginnen alle Märchen der Gebrüder Grimm aus dem 19. Jahrhundert. *„Im Legendenton"*, so heißt es bei Schumann in seiner Fantasie op.17. *„Eingeschlafen auf der Lauer droben ist der alte Ritter"*, so beginnt das Gedicht *„Auf der Burg"* Eichendorffs. Oder hier ein anderes von ihm, die erste Strofe aus dem Gedicht „Schöne Fremde":

Es rauschen die Wipfel und schauern,
Als machten zu dieser Stund
Um die halbversunknen Mauern
Die alten Götter die Rund.

Und im „Lyrischen Intermezzo" von Heine heißt es:

Aus alten Märchen winkt es
Hervor mit weißer Hand,
Da singt es und da klingt es
Von einem Zauberland

Dieser Aspekt der Romantik heißt *„Historismus"*. Die Sehnsucht nach der Heimat aus der Fremde ist hier zeitlich, geschichtsverklärend; wohlgemerkt eine kollektive Strömung in Deutschland, keine vereinzelte. Es werden Möbel gebaut, die ausschauen wie der Thron Pippin des Kurzen. Gebäude erinnern an Romanik oder Gotik. Das Gemälde „Der Sängerkrieg" auf der Wartburg von Moritz v. Schwind erinnert an ein byzantinisches Fresco. Die Musik träumt von vor-Bach'scher „Reinheit". Man sehnt sich nach Palestrina, freilich ohne ihn zu wirklich zu kennen.

Der Mensch des 19. Jahrhunderts ist zerrissen. Er ist einerseits sehnsüchtig nach der verlorenen Heimat, nach der Jugend, der Unschuld, der „guten alten Zeit". Das führt zum kollektiven Affekt des Historismus. Andererseits etablierte sich eine neue Rationalität, vor allem in der Philosophie. Das eine ist rückgewandt und sucht das Heil in der Vergangenheit, das andere läßt die Vergangenheit hinter sich und will in die Zukunft weisen, um eine neue, frühindustrielle Gesellschaft zu bilden. Der Abschied ist: Abschied von der Geliebten, denn der Wanderer kann nicht bleiben, muß weiter auf großer Ausfahrt; Abschied vom Leben, in der Hoffnung, auf der anderern Seite Frieden zu finden; Abschied aber auch von der eigenen Zeit, denn die Zukunft wartet, in der alles anders sein wird, verheißungsvoll anders, bedrohlich anders.

In der Musik spielt der Historismus eine ganz große Rolle. Die Schriften „*Cäcilia*" von Herder (1793) und die „*Phantasien über die Kunst*" von Wackenroder (1799) träumen von der „reinen" Musik alter Tage und begründen den danach benannten „Cäcilianismus", eine musikspezifische Seitenrichtung des Historismus. Die „*Canzoni per 4 voci*" von E.T.A. Hoffmann aus dem Jahre 1808 sind beabsichtigte Stilkopien. Sie wollen eine Aura alter Vokalpolyphonie schaffen, ohne daß es eine historische Musikforschung oder Aufführungspraxis, wie wir sie heute verstehen, gegeben hätte.

Auf der einen Seite also steht der Mensch mit seiner übervollen Gefühlswelt, mit der er sein Heil in längst vergangenen Zeiten sucht. Auf der anderen Seite ist er vorwärtsgewandt. Es drängt ihn nach Besserem und nach Fortschritt. Der Mensch des 19. Jahrhunderts bricht auf zu einer neuen, postaufklärerischen Mündigkeit, die rational sein will und *nur* rational. Der Philosoph *Auguste Comte* schreibt sein Hauptwerk, die „*Kritik der positiven Philosophie*". Der damit verbundene sogenannte „*Positivismus*" hat für alles nicht-Materielle, also für die Theologie oder Metaphysik, nur Verachtung übrig. In Comtes *Dreistadiengesetz* erhebt sich der Mensch mit zunehmender Reife zunächst über ein archaisches erstes Stadium, dem Glauben an einen Gott, über ein etwas weniger primitives zweites Sadium, dem Glauben an die Metaphysik, die Ideenlehre usw. hinweg zum dritten Stadium, das er „positiv" nennt. Hier hat der Mensch den höchsten Grad der Erkenntnis erreicht, in dem er nur an die Kategorien „*Begriff*" und „*Gesetz*" glaubt, mit anderen Worten: an die Kategorien der *Ähnlichkeit* und der *Aufeinanderfolge*. Das führt letztlich zum

Materialimus (Bull, Spencer) und zum dialektischen *Materialismus* (Marx). Eine Antwort auf die neue Zeit. Denn das 19. Jahrhundert ist nicht nur assoziiert mit der Natur, mit Wanderungen, auf denen Zelter und Silcher und Reichardt ihre Volkslieder singen zur Gitarre und die Natur als Spiegel ihrer Seelen begreifen. Wir haben es auch zu tun mit einer beginnenden industriellen Zerstörung der Natur. Die frühe Industrialisierung schafft ein bis dahin nicht bekanntes Proletariat, mit Kinderarbeit an der Tagesordnung. (Die Romane von Charles Dickens legen Zeugnis ab.) Technische Erfindungen wie die Eisenbahn und das Telefon erhöhen das Tempo der Mobilität und der Kommunikation. Die Lebensumstände verändern sich, und mit ihnen festgefügte *politische* und *gesellschaftliche* Strukturen. Napoleon hinterläßt ein Europa, in dem nichts mehr so ist wie zuvor. Der deutsche Nationalstaat konstituiert sich im Widerstand und versucht hinterher, nachdem Napoleon vertieben ist, die alte oligarchische Adelsgesellschaft zu restaurieren. Nach 1813 herrscht brutale Knechtschaft. Doch die Völker Europas wollen in Freiheit leben. Die diktatorische Herrschaft Metternichs führt zum Widerstand, zum Vormärz, zu studentischen Bündnissen, zum Hambacher Fest, zur ersten deutschen Revolution, zur gescheiterten aber doch versuchten Frankfurter Paulskirchen-Demokratie.

So marschieren die Davidsbündler gegen die Philister.

Florestan und Eusebius

Das alles geht durch Schumann hindurch. Er ist ein Kind seiner Zeit. Das alles durchströmt seinen Geist und seine Seele, formt sie und drängt nach künstlerischer Äußerung. Doch anders als bei Wagner vereinen sich alle die vorgenannten Aspekte nicht zu einem Ganzen und schaffen sich ein großes Weltengemälde, wie es etwa Wagners *„Ring"* ist. Schumanns Seele - und mit ihr seine Musik - ist gespalten in zwei Teile. Er hat ihnen Namen gegeben. Den einen Teil nennt er selbst *Forestan*. Florestan ist extrovertiert seinen Gefühlen ausgeliefert, drängt nach Besserem mit Euphorie und brennendem Willen, will in die Zukunft mit der Kraft der *Davidsbündler* in den Knochen. Der andere Teil heißt *Eusebius*. Er ist gemäßigt im Temperament einerseits, doch irrt er heimatlos umher, sehnt sich nach Ruhe in der Ferne, die zeitlich und örtlich weit weg ist. Eusebius lebt am Tage, bewußt und ruhig seinen positiven Verstand gebrauchend. Schumann war ein sehr guter Schachspieler. Hier spielt Eusebius. Florestan liebt die Nacht, den Mond in der Ferne, er meldet sich mit Tränen und sehnsuchtsvollem Atem. Man weiß von Schumann, daß er plötzlich vom einen in den anderen Zustand hinüberkippte, ohne Vorankündigung und Übergang. An diesem Zwiespalt schließlich ist er zugrundegegangen in Endernich. Aber, in guten Tagen, finden wir diese Aufspaltung, diese Aspekte künstlerisch ausgeformt in seiner Musik, so auch in seinem *Klavierkonzert op. 54.*

„Zwei Seelen wohnen, ach, in meiner Brust, die eine will sich von der andern trennen" läßt Goethe seinen Faust sagen. Die beiden Seelen sind Florestan und Eusebius. Ursprünglich legte er sich diese Namen als Pseudonyme zu bei seiner schriftstellerischen Tätigkeit als Musikkritiker. Doch bald schon führten sie ein Eigenleben als Alter

Ego, denen er in seinen *„Davidsbündler Tänzen"* wie auch im *„Carneval"* musikalische Denkmäler setzte.

Florestan den Wilden,
Eusebius den Milden,
Tränen und Flammen
Nimm sie zusammen
In mir beide
Den Schmerz und die Freude.

...so Schumann in den *„Liebeszeiten"* an Clara.

Und ich denke, daß in diesen beiden Strofen aus dem Gedicht „Schöne Fremde" von Eichendorff, das Schumann vertont hat, nicht nur Schumann selbst, sondern auch Florestan spricht:

Hier hinter den Myrtenbäumen
In heimlich dämmernder Pracht,
Was sprichst du wirr wie in Träumen
Zu mir, phantastische Nacht?
Es funkeln auf mich alle Sterne
Mit glühendem Liebesblick,
Es redet trunken die Ferne
Wie von künftigem, großem Glück! -

Florestan der Wilde und Eusebius der Milde sind zwei Archetypen, die auf figürliche Darsellungsformen der Renaissance zurückgehen: Das Aktive und das Passive, die *„Vita activa"* und die *„Vita passiva"*. Ersteres meint Skulpturen, die eine dynamische, extrovertierte Bewegung darstellen, letzteres zeigt in sich gekehrte, nachdenkende Figuren. Doch vergegenwärtigen wir uns anhand zweier berühmter Skulpturen, daß beide Aspekte gleichzeitig bestehen können: den

„*Moses*" von *Michelangelo* und die „*Guidetta*" von *Donatello*. Der Moses wird gezeigt kurz *vor* dem Moment, wo er aufspringt, um sein Volk zur Raison zu rufen, das um das goldene Kalb tanzt. Donatellos Judith wird in ihrer Entschlossenheit gezeigt, *bevor* sie Holofernes das Haupt abschlägt, bereits mit erhobenem Schwert, kurz vor dem Vollzug. Die „vita activa" ist hier *potentialiter*, sie drängt nach außen ohne bereits wirklich geworden zu sein. Sie ist sozusagen noch verheiratet mit der „vita passiva", des in-sich-Gekehrtseins der Entscheidung. So sind beide, activa und passiva, zwei Seiten ein und derselben Medaille. Florestan entspricht der „Vita activa", Eusebius der „Vita passiva".

Alles, was ich bisher versucht habe, als Eigenschaften der Romantik zu beschreiben, finde ich in der Musik Schumanns wieder, entfaltet sich in der musikalischen Zeit, geformt in Melodie und Harmonie, dialektisch in Rhythmus, Affekt und Kontrapunktik, farbig im Klaviersatz und Instrumenation, strukturell organisiert wie bei Beethoven und doch dem flüchtigen und vergänglichen Moment verpflichtet mit all seinen Möglichkeiten.

Heteronomie- und Autonomieästhetik - außermusikalisch und innermusikalisch

Wenn ich Florestan und Eusebius im Klavierkonzert von Schumann entdecke, betrachte ich die musikalischen Ereignisse nicht mehr nur *rein* musikalisch. Ich würde der Musik dann außermusikalische *Persönlichkeiten* unterlegen. Sie treten im Konzert in einen Dialog miteinander, als Gegenstück und Ergänzung. So folge ich einer „*poetischen Idee*".

Es liegt nahe, Musik mit außermusikalischem Gehalt zu füllen, um die Fantasie anzuregen und zu erklären, was geschieht und was die Musik *erzählt*. Man spricht dann von *„Heteromieästhetik"*. Folge ich ihr, so unterstelle ich, daß die Musik tatsächlich eine Geschichte erzählt ohne Worte, mehr noch: ich unterstelle, daß diese Geschichte *beabsichtigt* ist. Das ist bei Programmmusik natürlich so. Beispielsweise folgen die sinfonischen Dichtungen des 19. Jahrhunderts einer außermusikalischen Vorlage erstaunlich genau. Diese Vorlagen finden sich im Titel. Ich denke an die Tondichtungen von Richard Strauss wie *„Till Eulenspiegel"* oder *„Don Juan"*. In der *„Pastorale"* Beethovens ist das Programm, das in der Natur spielt, für jeden nachvollziehbar: Vogelrufe, Szene am Bach, Bauerntanz, Gewitter, frohe und dankbare Gefühle. Und genau *das* ist der Vorteil der heteronomieästhetischen Methode. Sie ist für jeden verständlich ohne besondere Vorbildung. Wir haben Raum für Assoziationen. Wir stellen uns Bilder vor. Doch ist das Gewitter in Beethovens Pastorale mehr, viel mehr als eine klangliche Nachahmung eines natürlichen Gewitters. Denn es ist kein Gewitter, es ist Musik *an sich*, die sich vor unseren Ohren als Teil eines Ganzen organisch aus einer Idee entwickelt, als Teil eines immanenten *Prozesses*, eines Konflikts, der nach Lösung strebt. Diese Lösung geschieht; Beethoven heilt die Wunden, die er schlägt. Das geschieht in der Kantilene, im Gesang, der uns im Gedächtnis bleibt, wenn wir auf dem Heimweg sind nach dem Konzert. Dieser Gesang mag tröstlich sein wie im Finale der Pastorale oder im Seitensatz des ersten Satzes der Waldsteinsonate. Oder er mag wie ein Durchbruch sein, *„per aspera ad astra"*, durch Nacht zum Licht, mit jeder Menge Hegelianischem Idealismus in den Knochen, wie in den berühmten Schlußsätzen der 5. oder der 9. Sinfonie. In jedem Fall aber ist die Melodie bei Beethoven das Ergebnis eines vorangegangenen *Vorgangs*, eines drängenden Etwas, das Lösung sucht. Ich sage das, um deutlich zu machen, daß das Bild des Gewitters und der frohen und dankbaren Gefühle nach dem Sturm eine Assozation ist, die helfen kann, zu verstehen, was geschieht. Die Musik an sich aber braucht diese Assoziation nicht. So besteht der *Nachteil* darin, daß wir wenig erfahren über den musikalischen Vorgang *an sich*. Vor allem aber erfahren wir nichts über die handwerkliche, kompositorische Komponente. Wenn das Programm nicht vom Komponisten von vornherein festgelegt ist - wir also die Geschichte nicht kennen - dann entsteht ein freie Geschichte in unserer Fantasie. Und das wird bei jedem eine andere sein. So ist diese Methode nicht besonders genau.

Die Romantik liebt das Spinnen von Geschichten und Legenden. So nimmt es nicht wunder, daß die Instrumentalmusik auch so verstanden wurde. Denken wir nur an die Sinfonien Mahlers, die, wie er selbst sagt, „eine ganze Welt" abbilden. Sehr komisch ist die Beschreibung des Beginns der 3. Sinfonie Beethovens im Westermann-Konzertführer Mitte des 19. Jahrhunderts: *„Eine Burg. Das eine Tor springt auf, dann das andere. Ein Ritter reitet heraus und schaut zurück zu dem Burgfräulein, das ihm wehmütig nachwinkt..."*

Die andere Seite der Medaille ist die *„Autonomieästhetik"*. Musik wird von innen heraus beschrieben mit mehr oder weniger genauen Begriffen, die gegensätzlich sind zur heteronomieästhetischen Geschichtenwelt. Sie hat den Vorteil, daß sie zu präzisen Ergebnissen kommen kann, besonders dann, wenn das kompositorische Handwerk, das musikalische Vokabular und dessen Syntax im Vordergrund steht. Ihr Nachteil ist, daß sie eine hohe musikalische Bildung voraussetzt und daher nur einem eingeschränkten Personenkreis zugänglich ist.

Diese Methode bemüht sich also um Präzision. Die Gefahr ist, daß sie sich in bloßer Namensgebung erschöpft und damit schematisch wird. („Auf der eins steht ein Dominantseptnonen-Akkord, hier beginnt der Seitensatz"...). An der Oberfläche mag alles zutreffen, aber nur dort. Zum Kern der Musik gelangen dadurch auch nicht. Denn wenn wir mit der Neugier eines Kindes herangehen, werden wir immer wieder fragen: „Warum?" Und es wird immer schwerer, aber auch immer interessanter werden, diese Frage zu beantworten. Wir werden immer wieder auf neue Fragen stoßen. *Und die richtigen Fragen sind allemal wichtiger als die richtigen Antworten.*

Spricht Florestan, wenn er poetische Ideen webt um die Musik herum? Spricht Eusebius, wenn er sich von der Musik selbst an die Hand nehmen läßt?

Wie sehr diese Zeit sich in einem Spannungsfeld befindet zwischen Schwärmerei und Positivismus (also begrifflicher Präzision), läßt sich ablesen an dem Konflikt zwischen Alban Berg und Hans Pfitzner. Alban Berg greift Pfitzner in seinem Text „*Die musikalische Impotenz der neuen Ästhetik Hans Pfitzners*" scharf an, mit einem Zynismus, der sehr unterhaltsam ist. Pfitzners Dogma ist, daß man „bei so einer Melodie" (gemeint ist die „Träumerei" Schumanns) „ganz in der Luft schwebe". Ihre Qualität könne man nur erkennen, nicht demonstrieren; es gebe keinen intellektuellen Weg, ihre Qualität zu erklären.

Das bringt Berg auf die Palme, und so erklärt er, wie die Träumerei funktioniert. Er folgt dabei, und das ist enscheidend, einer autonomieästhetischen Sichtweise, die aber nicht beim bloßen Beschreiben stehenbleibt, sondern den *Prozeß* des Komponierens offenlegt. Eine entscheidene Kategorie ist dabei die der *Möglichkeit*. Denn das, was wir vor uns haben, ist nur eine *Auswahl* von *Möglichkeiten*. Die *verworfenen* Möglichkeiten sind aber nicht weg, sondern schwingen - unhörbar und latent - hinter dem tatsächlich Erklingenden weiter. So sensibilisieren wir uns für das tatsächlich Erklingende. Berg geht einen einfachen Weg (dazu das folgende Notenbeispiel, das von Berg selbst stammt). Er erklärt, daß die Qualität der Melodie Schumanns durch eine einfache Verzögerung entsteht, und zwar durch die Drehnote e/f, so daß der höchste Ton auf unbetoner Zeit landet, auf Zählzeit zwei des zweiten Taktes. Es entsteht ein latenter 5/4 Takt bis zu diesem höchsten Ton:

In der obersten Zeile sehen wir die latente Möglichkeit, die einfache, nicht gestaltete „Vorgängerversion". Hier eröffnen sich zwei weitere Kategorien: *naheliegend und nicht naheliegend*. Die oberste Zeile ist naheliegend: gebrochener F-Dur-Dreiklang zur nächsten eins. Wahrscheinlich würde hier auch die linke Hand gleichzeitig mit dem f der rechten auf der eins des ersten Taktes einsetzen.

Darunter steht der Originaltext Schumanns. Das nicht Naheliegende ist offensichtlich, einschließlich der verzögert einsetzenden Begleitung, die fast an eine Walzerbegleitung denken läßt, nur sehr langsam und im 5/4.

Ich empfehle sehr diesen Text. Er ist erschienen in den „Musikblättern des Anbruch" und der Berg-Biografie von Willi Reich als Anhang beigefügt.

Welche Methode stelle ich der Analyse voran, die heteronomieäs-thetische oder die autonomieästhetische?

Die Antwort lautet: beide und keine von beiden. Denn Florestan und Eusebius sind nicht eigentlich zwei Personen, sondern eine mit verschiedenen Gesichtern.

Die Musik erzählt sich selbst. Ich lasse mich von der Musik an die Hand nehmen und entdecke ihre Wege, vielleicht auch ihre Irrwege. Ich folge ihr nach, wie es auch der Komponist getan hat, getan haben *muß.* Wir kennen das alle, egal ob wir einen Brief schreiben oder eine Sinfonie. Am Anfang steht das leere Blatt. Wir fangen leer an. Die Ideen wimmeln ungeordnet im Kopf und wollen sich auf dem Blatt manifestieren. Sie wollen *konkret* werden. Hier beginnt das erste Auswählen: schwere Entscheidung, womit beginnen? Was ist der erste Satz? Was ist die erste Phrase?

Auch der Hörer fängt so an. Er erinnert sich an Klavierkonzerte, die er kennt, an Musik, die er von dem Komponisten kennt, an einen Liederzyklus vielleicht. Aus dieser Erinnerung wird die Erwartung geboren. Was wird geschehen? Das ist ein sehr aktiver Vorgang, kein nur passiv konsumierender. Man ist so schon im Stück, noch bevor der erste Ton erklungen ist. So beginnt das Stück vor dem ersten Taktstrich, und es wird auch mit dem Schlußakkord nicht zu Ende sein, sondern nachklingen, um sich mit dem Anfang zu vereinen und die Zeit zu einer Kugelgestalt zu krümmen. Denn schon, indem wir uns erinnern oder erwarten, schon, indem das Zukünftige die Erwartung einlöst oder enttäuscht, krümmt sich die Zeit, die *musikalische* Zeit.

Stellen wir uns eine Spirale vor, die von einer Linie durchschnitten wird. Alle Punkte, die auf dieser Linie liegen, sind Ereignisse, die einander entsprechen. Vergangenes, schon einmal Gehörtes erklingt wieder und erinnert uns, daß es schon mal erklungen ist. Gleichzeitig wird es in der Zunkunft wieder erklingen. Vielleicht erwarten wir das und lehnen uns befriedigt zurück, wenn das geschieht. Oder wir werden entäuscht. (Die wunderschöne Seitensatz-Kantilene aus der Cavantina des Streichquartetts op.130 von Beethoven erscheint nur einmal. Eine Erinnerung eines alten Mannes, die nur einmal zurückkehrt beim „Anblick des bestirnten Himmels", wie Beethoven selbst sagt.)

Diese wiederkehrenden Ereignisse aber sind nicht gleich und können es nicht sein. Denn zwischendrin haben wir einen Weg zurückgelegt, den Weg der *Spirale*. Wir bewegen uns nicht auf einer Kreisbahn: da kämen wir immer an denselben Punkt. Die Spirale lässt uns zwar auf die Linie zurückkehren, doch der Punkt ist gehoben und geweitet durch die Erfahrung des zurückgelegten Weges auf der Spirale; der Punkt ist *ähnlich* den andern. Er tritt in einen zeitlichen und daher formalen Dialog mit den andern, er ist aber nicht gleich, und kann nicht gleich sein. Es ist wie im Leben: Ziehen wir fort und kehren irgandwann an den Ort des Abschieds zurück, so ist er nicht mehr derselbe. Denn wir haben mittlerweile etwas erlebt, und dieses Erlebte färbt den Ort. Und das nächste Mal wird es wieder so sein.

Das heißt: selbst wenn eine musikalische Stelle sogar wörtlich wiederkehrt, wie in einfachen Rondi das Thema, so ist es zwar wie eine „Heimfahrt". Und doch hat diese Stelle dann ein anderes Gesicht wie zuvor, weil sie geprägt wird durch das zuvor Erlebte.

Die Musik erzählt sich selbst. Sie erzählt ihre eigene Geschichte.

Wir fangen leer an. Wir wissen alle, wie schwer das sein kann, die erste leere Seite zu füllen, den inneren Monolog, der vorausgegangen ist, nach außen zu tragen und tatsächlich anzufangen. Hier haben wir noch alle Möglichkeiten. Doch je mehr da steht, desto weniger Möglichkeiten haben wir. Je mehr da steht, umso mehr fordert das Notierte Konsequenzen, denen wir folgen müssen. Wenn das Werk noch ein Baby ist, mit seinen unendlich vielen Möglichkeiten, dann gehen *wir* vor. Doch je erwachsener das Werk wird, umso mehr geht *es* vor, und wir folgen ihm nach. Es scheint nach und nach ein Eigenleben zu führen. Das musikalische Werk wächst organisch, ein Ton tritt in Bezug zum anderen, und entfaltet sich in der Zeit. Die Zeitsegmente treten in Bezug zueinander. Das Stück wird, um es mit Gustav Mahler zu sagen, *vor unserer Ohren geboren* und geht seinen Weg. Der Komponist ist aktiver Zeuge und hat die Aufgabe, dieses Eigenleben zu erfüllen, es zu Papier zu bringen. Er ist Schöpfer und entläßt sein Werk ab einem bestimmten Zeitpunkt. Das nenne ich einen „*Vorgang*": das Stück geht vor, der Komponist folgt, und wir mit ihm.

Je älter das Werk wird also, je mehr es sich dem Ende neigt, umso mehr beschleunigt sich die Arbeit. Selbst im Alltag ist es so, daß beispielsweise bei einem handgeschriebenen Brief die erste Seite wie gemalt aussieht, die letzte Seite aber eine flüchtige, eilende Handschrift hat. Das Arbeitstempo wird schneller, weil die Imperative des Werkes dichter, zwangsläufiger und folgerichtiger werden. Wenn nun zum Schluß hin die Möglichkeiten schwinden zugunsten des real Erfüllten, so kann der Komponist dafür sorgen, daß diese (sagen wir) nach oben spitz zulaufende Pyramide der Möglichkeiten immer wieder ihr Plateau erweitert, daß heißt, sich immer wieder neue Möglichkeiten schafft. Das sind die Momente, wo der Komponist sozusagen „eingreift", um sich aus den Zwangsläufigkeiten des Werkes zu befreien.

Dabei spielt die musikalische Zeit eine wichtige Rolle. Die musikalische Zeit ist räumlich in der Partitur gebannt. Daher hat der Komponist das Privileg, mit der Vergangenheit und der Zukunft „zu spielen". Er kann das Ende - oder das am Schluß Entstandene - an den

Anfang stellen, den Anfang an den Schluß, und so weiter. Er kann Dinge streichen oder einfügen. Daher muß die am Anfang erfundene Musik, also noch bevor das Stück „vorgegangen" ist, nicht unbedingt *am Anfang* stehen, sondern woanders, etwa in der Mitte oder am Schluß. Das ist der Unterschied zu *Improvisation*. Der Improvisator ist *Gefangener der Zeit*. Er läßt sich von einem Ereignis zum anderen tragen, und gesagt ist gesagt. Mit Glück erinnert man sich an schon bereits Erklungenes, greift das auf und schafft so eine formale Spirale - aber das muß nicht sein. So ist die Reprise in der c-moll-Fantasie Mozarts eigentlich ein Element aus der Sonate, also eine „*Sonata quasi una fantasia*", wie es bei Beethoven heißen wird. Das gilt auch für die C-Dur-Fantasie Schumanns. Welche fantasiehaften Elemente gibt es im Klavierkonzert Schumanns jenseits der zu erwartenden Solokadenz?

Wir gehen zum Beginn der Durchführung des ersten Satzes.

1. Satz, Allegro affettuoso

Es war, als hätt' der Himmel
Die Erde still geküßt,
Daß sie im Blütenschimmer
Von ihm nun träumen müßt'.

Die Luft ging durch die Felder,
Die Ähren wogten sacht,
Es rauschten leis die Wälder,
So sternklar war die Nacht.

Und meine Seele spannte
Weit ihre Flügel aus,
Flog durch die stillen Lande,
Als flöge sie nach Haus.

Takt 165 ff, Andante espressivo. Hierher hat sich ein langsamer Satz verirrt.

Ein ruhiges Notturno, das eine kantable Insel bildet nach dem vorausgegangenem euphorischen Marsch der Davidsbündler *„contre les philistes"*. Ein Lied ohne Worte, mit einem Klaviersatz, der an die Miniatur „Chopin" aus dem „Carneval" op. 9 erinnert:

Chopin

Das oben zitierte Gedicht heißt „*Mondnacht*" und stammt von Joseph v. Eichendorff. Schumann hat es in seinem „*Liederkreis*" vertont. Das also sind die außermusikalischen Assoziationskreise, die in dieser plötzlich sehr introvertierten Stelle des Klavierkonzertes mitschwingen: da ist der Gesang des „milden", sehnsuchtsvollen Eusebius, da ist ein Notturno mit dem Anblick des bestirnten Himmels (um es abermals mit Beethoven zu sagen), und schließlich eine Hommage à Chopin. Vielleicht ist diese Passage die *Idee* des Stückes, aus dem sich alles andere, vorher und nachher, entfaltet? Vielleicht war diese Stelle zuerst da. Ich wage diese Annahme.

Die Melodie hebt an zu singen über einem Orgelpunkt auf As. Eine andere Dimension gegenüber der Haupttonart. As-Dur ist, von der Physik des Quintenzirkels her betrachtet, weit weg von a-moll. Von der Haupttonart her betrachtet wird der Quintrahmen a-e tiefchromatisiert nach as-es. Die Terz C im Zentrum bleibt erhalten und ist die gemeinsame Wurzel beider Tonarten.

Die ganze Passage zuvor steht in C-Dur; der gemeinsame Ton C bleibt liegen (Hörner T 152-154), wandert in die Oberstimme des Klaviers und wird unterterziert - jedoch nicht nach a-moll, wie zu erwarten, sondern nach As-Dur. Die vorangegangene Einmollung des C-Dur nach c-moll vermittelt diesen Großterzfall, da ja As-Dur von c-moll aus als leitereigener Terzfall „normal" ist.

Hier spielt der Aspekt der „*Liegetoneinfärbung*" hinein: ein liegenbleibender Ton wird neu eingebettet und *gefärbt*, indem der Baß statt der Oktave die große Terz unter diesem Ton bringt. Das ist durchaus eine altes kontrapunktisches Handwerk, wie das folgende Beispiel zeigt. Der Ton e im Sopran wird einmal mit der großen Unterterz und einmal mit der Unteroktave vom Baß getragen. Bach:

Bach, Verleih uns Frieden gnädiglich

...oder wie bei dieser berühmten Stelle in der B-Dur-Klaviersonate Schuberts, für den die Liegetoneinfärbung mit der Unterterz ein außerordentlich personaltypisches Stilmerkmerkmal ist:

Nun also hebt das Klavier Schumanns ab Takt 156 an zu singen.

Kein Mensch kann mehr als ein- und ausatmen. Die entspannte Atemkurve hat einen Teil der einatmet (und *Initiale* genannt wird) und einen Teil, der ausatmet (und *Kadenz* genannt wird). Allgemeiner sprechen wir von *Öffnung* und *Schließung*. Das enspricht auch der entspannten Sprachmelodie, die von einer Ruhelage ansetzt, worauf die Stimme sich zur Mitte hin hebt und dann wieder absinkt im Kadenzteil. Beide Teile bedingen und ergänzen einander. Wenn eine Melodie einen Einatmungsteil und einen Ausatmungsteil hat, ist sie *vollständig*. Wir sprechen dann von einer „*Idealperiode*". Hat sie aber nur einen der beiden Teile oder stört sie sonst die Symmetrie dieses Spannungs- und Entspannungsverhältnisses, bringt sie also unregelmäßige Elemente hinein, dann ist sie „*partiell*". Bei Schumann finden wir eine solche *partielle Melodiebildung*. Die Melodie atmet zunächst aus. *Sie beginnt mit einem Schluß* (T 156/157), um *dann* einzuatmen (T 157/158). Die Klarinette (T 160) sequenziert das Ganze über dem Orgelpunkt sekundweise steigend. Sie steigert das zuvor zaghafte

Einatmen und entwickelt so die Initiale fort. Die Atemkurve ist also *vertauscht* - zunächst eine kurze Kadenz, dann eine gedehnte Initiale.

Wo nun ist die *Kadenz*, die diesen lyrischen Spannungsaufbau schließt, die die Atemkurve vervollständigt? Das Klavier versucht es mehrmals, ohne daß ein Schluß gelingt. Dabei hat die Terz b-des eine Signalwirkung: sie möchte sich schließen, ohne daß es ihr erlaubt wird. Das b möchte in den Schlußton as, das des als Terzparallele dazu in in die Terz c. Doch es geht immer weiter. In Takt 168 sequenziert die Klarinette wiederum sekundweise steigend. Richard Wagner wird später von der „*unendlichen Melodie*" sprechen. Schauen wir zurück zur „Mondnacht" Eichendorffs. „*...und meine Seele spannte weit ihre Flügel aus...* " - Die metrische Öffnung und immer wieder Öffnung als zunächst absolutes musikalisches Ereignis trägt hier dieses Bild in sich. Die Melodie spannt tatsächlich ihre Flügel aus, um eine Heimat zu finden, die Heimat der Kadenz! („*als flöge sie nach Haus...* "). Immer wieder wird der Weg zurück versucht durch die rufende Terz b-des im Klavier. Doch erst in der letzten Phrase (T 183-185) gelingt es. Plötzlich auf dem letzten Akkord jedoch wird sie vom unbeherrschten Florestan unerbrochen, sie wird geradezu niedergeschmettert - Kein Abschied vom Melos des Mondes! von der Kadenz, die endlich, endlich gefunden ist! sondern eine

verstörende Unterbrechung. *„Zwei Seelen, ach...“*

Ich reduziere nun den harmonischen Verlauf, den diese Melodie nimmt, auf ein möglichst einfaches Gerüst und komme auf folgende Fortschreitung:

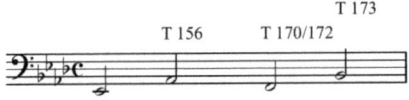

Der Satz hebt an von As-Dur nach b-moll (T 173), also sekundweise aufwärts. Das ist der Rahmen. Differenziere ich etwas weiter, so entdecke ich ein System steigender Quinten, einen sequenziellen Quintstieg: Von As-Dur also nach Es-Dur (T 166), dann nach b-moll (T 173). Zurück führt der Kadenzteil über Es-Dur (T 180/184) nach As (T 185). Gehe ich noch ein wenig weiter ins Detail, so erhalte ich folgendes Bild:

Eine quintweise sich aufwärts-schraubende harmonische Kadenz IV-V-I; der Baß steigt eine Sekunde und fällt eine Quinte. Diese Sequenz ist - wie jede - ein nur kleiner Teil eines musikalischen Vokabulars, das sich über Zeiten und Stile hinweg als außerordentlich konsistent erweist. Sie wird nicht vom Komponisten *erfunden*, sondern nur *angewandt*. Daher lohnt es sich, Parallelbeispiele heranzuziehen. Ich entscheide mich für die Arie *„Blute nur"* aus der Matthäus-Passion und die Mazurka op. 41 von Chopinvon Chopin:

Bach, Matthäus-Passion, Blute nur

- 33 -

Chopin, Mazurka op. 41,2

Bei Bach hat diese Sequenz ein relativ hohes Tempo - Zählwert ist Viertel - und ist eingebunden in eine Phrase, die für den Hochbarock typisch ist: Themenkopf, Sequenz, Kadenz. Besonders ist, daß der Sopran nicht die Oberstimme des Satzes hat, den Leitton. Dieser schwebt über dem Sopran, in den Violinen.

Bei Chopin erklingt nur *ein* Segment dieser Sequenz. Nun könnte man sagen, daß das ja eigentlich eine Kadenz ist, nichts weiter (Baß: e-a-h-e). Doch wirkt dieser Anfang merkwürdig instabil. Die vermeintliche Kadenz hat einen offenen Rand. Sie will weiter, drängt nach Fortführung und Ergänzung. Sie „wünscht sich weiter" und scheint wie „abgeschnitten" zu sein. So nennen es alte Kontrapunktlehren im 17. Jahrhundert: *„dissecta desiderans"* (abgeschnitten und sich weiter wünschend). Gleichzeitig aber ist es ein Schluß - ja, auch diese Mazurka beginnt mit einem Schluß, mit einem schwebenden freilich. Dieser Schluß ist ausatmend, *„Acquiescens"*, das heißt „sich beruhigend". Also ist die erste Phrase zur selben Zeit geschlossen *und* offen. Wie gesagt, sie *schwebt*. Was bleibt offen? Einerseits a-moll, die Rückkadenz von E-Dur. Das überzeugt durch den zweiten Anlauf T 5, aber auch wieder nicht. Denn die Phrase endet in e-*moll*, der Leitton gis fehlt. Ich meine, es liegt am sequenziellen Charakter der ersten vier Takte, auch wenn sich die Sequenz nicht einstellt. Wir haben zwei Verbindungen von einem Dominantseptakkord zur Tonika: E-a und H-e. Die Fortführung Fis-h wäre zwingend und schwingt sozusagen im Imaginären. Denn die Tatsache, daß sie nicht erklingt, sich also in der sinnlich wahrnehmbaren musikalischen Wirklichkeit nicht entfaltet, heißt nicht, daß sie nicht da ist. Sie existiert, in unserer Fantasie! So ist das in der Kunst: Anwesenheit und Abwesenheit sind eigentlich dasselbe. Und die Abwesenheit tritt in einen stillen, vibrierenden Dialog mit der Anwesenheit und kann sogar wichtiger sein als diese. Interessant ist, daß das zu erwartende h-moll dann später tatsächlich erscheint, als H-Dur, in T 17 des Beispiels. Allerdings plagal, ohne vorausgehendes Fis-Dur.

Wie formt nun *Schumann* dieses sequenzielle Ereignis? Ich glaube nicht, daß man diese Sequenz bewußt wahrnimmt. Dazu sind die einzelnen „Stationen" zu weit voneinander entfernt. Was man aber wohl wahrnimmt ist die Öffnung der Melodie, ihr ständiges Einatmen. Sie ist ruhig und gleichzeitig ruhelos. Die Melodie bindet die Sequenz, indem sie die Zeit dehnt. Sie schafft eine anakreontische Idylle der Ruhe, und alles scheint sich über einem Orgelpunkt abzuspielen. Und doch steigt sie. Ihr Ausatmen wird zum Einatmen. Der Orgelpunkt As klingt weiter und weiter. Die *Zeit* ist also das entscheidene Element. Die Melodie dehnt die Zeit, mehr noch, sie löst sie auf. Die Melodie ist ohne Zeit. Erst als Florestan mit seinem Marsch sich einmischt in Takt 185 läuft die Uhr wieder, schneller als je zuvor.

Der Dialog zwischen dem Klavier und der Klarinette ist berückend. Die Phrase im Klavier Takt 171 - 173 ist eine Initiale, eine Öffnung, die darauf wartet, geschlossen zu werden. Sie öffnet nach b-moll und möchte zurück nach As-Dur. Das entspricht einer stufenweise fallenden Sequenz (b-As), die Riepel (ein Kompositionslehrer zur Zeit Mozarts) „Fonte" nennt, die „Quelle". Wir steigen stufenweise zur Quelle hinab.

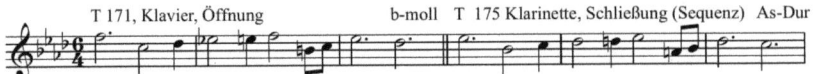

Das also würde ich erwarten. Die Klarinette kadenziert hier aber eine Quinte zu tief, nach Des-Dur!

Hier sehen und hören wir die Kategorie des *Naheliegenden* und *Nicht-Naheliegenden.* Schumann trifft eine Wahl, das nicht Naheliegende. Die Atemkurve schließt sich, aber eine Quinte zu tief. Trotzdem, ich kann mir nicht helfen, nimmt mein Ohr das als Fonte-Sequenz wahr. Das liegt daran, daß diese Form der Schließung so modellhaft geprägt ist, daß die Erwartung vielleicht überdeckt, was tatsächlich erklingt.

Von b-moll aus gesehen ist Des-Dur ein Terzstieg. Das heißt, daß dieses Segment gleichzeitig steigt und fällt! Obwohl es um eine steigende Terz öffnet bleibt der Eindruck einer fallenden Sequenz und damit eines Ausatmens.

Strukturell geschieht das nicht ohne Grund. Denn Des-Dur bildet den Sockel der zu erwartenden As-Dur Kadenz, zu der das Notturno zurückkehren will. Des-Dur ist die Unterquinte von As-Dur. Die profilierte - nicht nur flüchtige - Unterquinte ist seit je ein Zeichen für den Schluß, für die Neigung eines Stückes in den Schluß hinein. Ein berühmtes Beispiel hierfür ist der „Basso" der *Goldbergvariationen* von J.S. Bach. Hier eine Reduktion

Die markierte Stelle in Takt 25 des Basses ist wie eine Heimfahrt. Die Unterquinte ist ein Signal, daß sich die Aria zum Schluß hin neigt. Ein bewegender Moment, vor allem in der ornamentierten Fassung Bachs. - Ungefähr vergleichbar sehe ich die Stelle hier bei Schumann. Er bringt diese Unterquinte Des also durchaus aus *strukturellen* und nicht nur aus klanglichen Gründen.

In Takt 185 nun werden wir jäh aus dieser Idylle gerissen. Florestan stürmt heran, mit dem vorwärtsdrängenden Marschrhythmus, dessen Punktierungen Schumann schon immer besonders interessierten. Hier ein Ausschnitt aus dem zweiten Satz der *Fantasie op. 17*:

Jetzt sind also die Dämme gebrochen:

Das ist der Baustein des ersten großen Sequenzteiles bis Takt 196. Die Akzenttöne (Pfeile im Notenbeispiel) fallen in Terzen. Ein harmonischer Terzfall (also von Es -Dur nach c-moll nach As-Dur) ist das nicht, sondern eigentlich nichts weiter ein gebrochener As-Dur-Dreiklang. Dennoch ist das melodische Phänomen fallender Terzen offensichtlich. Lassen wir es zunächst dabei und schauen wir später, ob wir mit dieser Erkenntnis noch etwas anfangen können.

Jetzt interessiert mich etwas anderes. Wie funktioniert die folgende Sequenz? Nun, wie gesagt: der erste Sequenzteil geht bis Takt 196. Eine Oktavenpassage des Klaviers dehnt über den neapolianischen Sextakkord (T 197) und den verminderten Septakkord (T 201) die Kadenz nach c-moll. Genauer und einfacher gesagt: die Quinte von c-moll, G, wird von unten stufenweise erreicht über f und fis im Baß. Dieser Vorgang nimmt bis 205 in Anspruch und läßt dem Solisten Raum für die virtuose Oktavenpassage.

Dann beginnt ab Takt 205 der zweite Sequenzteil (*passionato, più animato*). Hier wechselt der Baustein der Sequenz: es ist nun der kadenzielle Themenkopf des Notturnos. Das janusköpfige Alter Ego, der milde Eusebius, schickt seinen Melos in eine schier atemlose Sequenz, die offenbar angesteckt ist von der Energie des vorausgegangenen stürmischen Marsches. Typisch ist hier für Schumann, daß der Klaviersatz eigentlich vollständig ist und keine Ergänzungen braucht. Das Orchester ist auf Verdoppelungen beschränkt. Vorher noch, bei der As-Dur Stelle und beim ersten Sequenzabschnitt, verhalten sich beide Protagonisten, also Klavier und Streicher und Klavier und Klarinette, *dialogisch*, wie ein Echo.

Was ist das nun für eine große Sequenz? Hier eine Reduktion mit Generalbaßbezifferungen:

Ich sehe eine große Sequenz, die stufenweise steigt. Der Baustein ist der Leitton im Baß. Von der klassischen Klausellehre her betrachtet ist das die Diskantklausel, die im Baß liegt. Die Klausel, die im Baß liegt, gibt der ganzen Klausel ihren Namen. Johann Walter macht das so, daß er die Silbe „-*izans*" dranhängt. Daher heißt diese Klausel „Discantizans" oder kurz „*Cantizans*". Modern gesprochen ist der Baustein eine Dominante mit Terz im Baß, die sich in die Tonika auflöst. Es handelt sich also um eine „*Cantizans-Sequenz*", deren Baustein sekundweise steigt. Riepel, den ich schon weiter oben erwähnt habe, nennt diese Sequenz *„Monte"*. Monte heißt „der Berg" - wir klettern langsam hinauf. (Analog heißt die stufenweise fallende Sequenz *„Fonte"*, „die Quelle".) Die beiden Quintfall-Segmente T 216ff. und T 240 ff. liegen auf der formalen Spirale auf einer Linie. Die Musik kommt sequenziell an einen ähnlichen Punkt. Wir sagen, die Stellen sind *„rückschlüssig"*. Ein *Rückschluß* liegt dann vor, wenn wir an einen ähnlichen Punkt ankommen, den wir schon einmal so oder so ähnlich gehört haben. Takt 240ff. ist dann ein *Rückschluß* zu Takt 216ff. in der Unterquinte. Solche *Reduktionssätze* helfen uns, den komplizierten und reich ausgestalteten Notentext auf den *einfachen Kern* zu reduzieren und uns einen Überblick über das strukturelle Geschehen zu verschaffen.

Was läßt sich zuammenfassend sagen? Die Musik entfaltet sich aus einem Keim, die sequenzielle Struktur erblüht aus der *Anlage der Melodie*. Umgekehrt birgt die Melodie die Substanz der folgenden sequenziellen Fläche oder sequenziellen Entladung bereits in sich als *Möglichkeit*. Die Sequenz ist in der Melodie *in nuce* (im Kern) enthalten und wartet darauf, *in toto* (im Ganzen) ihre Flügel ausbreiten zu dürfen. Beides existiert im Moment des Melos *gleichzeitig* und wird geweitet zum *Prozeß*. Die Melodie erzeugt den Prozeß, sie ist gleichzeitig eine Zusammenfassung des Prozesses in gesanglicher Form. Sie ist der Fruchtstand, aus dem die sequenzielle Durchführung ihre Blätter treibt. Die Frage ist nur, ob der Komponist dem folgt, ob er das Werk vorgehen läßt, oder ob er das ganze potentialiter läßt in Tendenz und Latenz. Schumann gibt dem nach. Er öffnet den Raum für seine beiden Protagonisten, Florestan und Eusebius, er läßt die Gegensätze der Vita activa und Vita passiva aufeinander stoßen und sich durchdringen. Die Sequenz wird aus der Melodie geboren, die

Atemlosigkeit der Sequenz aus dem verhaltenen, verzögerten Ausatmen der melodischen Kadenz.

Strukturell ist das Ganze klug gemacht. Die Monte-Abschnitte verheiraten sich zu größeren Einheiten.Takt 185 - 194 steigt der Satz von As nach C. Ich spreche von einer *integrierenden Fortschreitung*. Damit meine ich, daß die kleinen, sekundweise steigenden Segmente sich zusammenfassen, also artikulieren zu einer größeren Einheit, die durch den Anfang und den Schluß definiert ist. Dasselbe sehen wir von T 205 bis 213: hier Großterzstieg G-H. Und dann noch einmal 227 bis 237: Großterzstieg C-E. E schließlich führt nun zur Reprise nach a-moll zurück. So *spiegelt* Schumann das Mittel, mit dem er As-Dur einst in Takt 156 erreichte - wir erinnern uns: durch Großterz*fall* unter dem Liegeton. Der Spiegel - Großterz*stieg* - wird nun für die Sequenz bestimmend und gliedert sich in kleine Monte-Untereinheiten. Die sind wiederum in der vorangegangenen Melodie vorgeformt, angedeutet, latent. Alles webt sich zum Ganzen und existiert *gleichzeitig*, und sich dann in der Zeit zu entfalten.

Der Anfang

Die Eröffnung des ersten Satzes faßt die beiden Gesichter der großen Zentralsequenzen in der Durchführung zusammen. Das Klavier beginnt mit der voranstürmenden Punktierung, das Orchester antwortet mit der Melodie des Notturno, natürlich in a-moll, (nicht As-Dur). Von der Durchführung her betrachtet werden die beiden Aspekte vereint, Florestan und Eusebius, aktiv und passiv, Notturno und Marsch. *Von der Durchführung her gesehen* fügen sich die großflächigen Prozesse (T 185ff. und T 205ff.) als These und Antithese zu einer Synthese zusammen, auf engem Raum. Doch dieser hegelianische Vergleich hinkt; denn die vereinen sich nicht, im Gegenteil. Der Gegensatz, die Zerrissenheit ist am Beginn nur umso schroffer. Wir wissen nicht, wo wir unseren Anker werfen sollen. *Vom Anfang her gesehen aber* wird sich diese vollkommen unvermittelt eintretende Janusköpfigkeit in den großen Sequenzbildungen ausbreiten und ausdehnen, in gewisser Weise auch „verteilen".

Interessant ist, das die Exposition des Klaviers, dieser Ausbruch, mit dem folgenden „Lied ohne Worte" (so möchte ich es einmal nennen) gar nichts zu tun haben scheint. Die Takte 1-3 stehen monolithisch da wie ein kurzer Prolog, der in der ganzen Exposition keine Rolle mehr spielen wird. Erst, wie gesagt, in der Durchführung nach 185 Takten! Das erinnert mich an die „*Unvollendete*" Schuberts. Auch dort wird die Eröffnung durch die Kontrabässe zunächst in der Exposition ganz vergessen. Dafür wird sie Gegenstand der großen Zentralsequenz in der Durchführung.

Vielleicht gibt es ein Vorbild für diese außergewöhnliche Exposition. Es ist der Beginn des Cembalokonzerts in c-moll von C.Ph.E. Bach:

Im Prinzip ist das der gleiche Gestus, nur in umgekehrter Reihenfolge. Hier ein *lyrischer* Beginn, eine Kantilene. Dann fallen unvermittel die harten Punktierungen, das im Barock sogenannte Piqué, ins Wort. Ich denke in diesem Zusammenhang an die Triosonate in c-moll von C.Ph.E. Bach, die er mit dem programmatischen Titel *„Der Streit zwischen Sanguineus und Melancolicus"* versieht. Auch hier, im Cembalokonzert, sind die Affekte *personifiziert*. Die Charaktere sind hier der *Melancolicus*, der mit Seufzern kadenziert, und der *Cholericus*. Die Frage ist, ob es eine nachweisbare Verbindung zu Schumann gibt. Ich weiß es nicht. Wenn, dann wird Beethoven das Bindeglied sein. Beethoven, der C.Ph.E. Bach verehrte und der seinerseits seinen eigenen übermächtigen Schatten auf das gesamte 19. Jahrhundert warf. Immerhin finde ich einen ähnlichen Gegensatz in seiner Klaviersonate op. 101. Auch sie beginnt mit einer kantablen Pastorale in A-Dur, um dann, ebenso überraschend, die Initiative einem „alla Marchia" in F-Dur zu überlassen.

Den ersten Akkordschlag bei Schumann nun empfinde ich wie einen Schlußakkord, fortissimo, ein Schlußakkord einer großen Sinfonie, tutti. Diese Sinfonie ist vorangegangen im Unhörbaren. Sie erklang vor dem ersten Takt. Nur der Akkordschlag des Schlusses bleibt. Das plötzlich einsetzende Klavier hat nun jene punktierte Passage, die enorm *kadenziell* ist. Sie bringt etwas zuende, ein letztes Wort, ein massiver *Schlußpunkt*. Dem Solisten wird eine Virtuosität zugemutet, die voraussetzt, eingespielt zu sein, warm und im erhitzten Fluß eines vorangegangenen großen Werkes, das in die Kadenz stürmt. Also doch eher der Schlußakkord eines vorangegangen „hypothetischen" Klavierkonzerts. Doch der Pianist befindet sich in der Wirklichkeit des Beginns.

Verglichen mit T 185 ff. ist der Satz dichter, nicht in Oktaven, sondern in parallel geführten Sextakkorden: ein Fauxbourdon. Der Satz fällt auch hier in Terzen. Oberstimme: f-d-b/a-f-d-b/a-f. Die neapolitanische Wendung b-a verbindet diese Terzfallsegmente. Im Gegensatz zu T 205ff. ist hier, am Anfang, die ganze Passage harmonisch gefaßt, wie gesagt. Die Akzenttöne entsprechen einem akkordlichen Terzfall: F-Dur, d-moll, B-Dur/a-moll, F-Dur, d-moll, B-Dur/a-moll, dann Kadenz. Schauen wir einmal auf die tiefste Satzstimme:

Die steigende Sekunde, immer leittönig, wird zweimal terzeise abwärts sequenziert (Leitton nach a, f und d) und einmal sekundweise abwärts (Leitton nach c). Dieses Modell ist alt und eines der bekanntesten unserer tradierten abendländischen Musik. Im 17. Jahrhundert hatte der Terzfall-Baß den Namen „*Romanesca*", heute wird er meistens „*Pachelbaß*" genannt. Das geht zurück auf den berühmten Kanon von Pachelbel. Hier die einfache diatonische Variante, ohne Vorhaltsbildungen:

Diese tradierte Vokabel hat ursprünglich eine andere Artikulation. Wir sehen, daß die fallende Quarte der Baustein der Sequenz ist. Die Oberstimmen laufen in Terzparallen. Bei Schumann ist der Baustein die steigende Sekunde, und die fallende Quarte entsteht gewissermaßen „zufällig". Hier, in der alten Vorlage, entsteht die steigende Sekunde „zufällig". Bei beiden Varianten artikuliert sich die Sequenz in

Zweiergruppen. Ein wesentliches Kriterium ist dabei, mit welchem Element die Sequenz beginnt. Bei Schumann mit der steigenden Sekund, hier mit der fallenden Quart.

Ein weiterer wichtiger Punkt in beiden Beispielen ist das „*Fonte-Segment*". Das bedeutet, daß Terzfall und Sekundfall miteinander kombiniert werden. Warum? Nun, schauen wir das letzte Beispiel genauer an. Wir beginnen Takt 2 auf 3, C-Dur. Der Terzfall geht von C nach a nach f nach d. Würden wir so weiter machen, wäre der nächste Schritt B! Wir würden also den Oktavrahmen c-c verlassen. Das ist der Hauptgrund für den Sekundfall d-c.

Nun setzt der Satz nicht auf c an, sondern auf a. Bei Schumann läuft der ganze Satz, im Prinzip im Fauxbourdon, mit Sextakkorden also, die sich verschieben. Im einfachen Pachelbaß gehen die Oberstimmen, schrittweise nach unten. Bei Schumann steigen alle Stimmen parallel zum Baß.

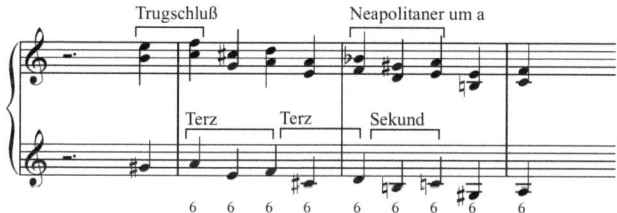

Dadurch, daß der Satz mit der steigenden Sekunde beginnt, wird sie das artikulatorische Element. So flüchtig und rasch auch das Geschehen in dieser erster Phase des Werkes sein mag, so prägnant finde ich doch, daß der Impuls, den das Klavier vom Orchester aufnimmt, sogleich in den Trugschluß führt. Ich hoffe, daß folgendes Notenbeispiel das deutlich macht.

Ein Trugschluß ist eine Wendung „*anstatt*". Die Stimmen der rechten Hand sind im ersten und zweiten Takt gleich. Nur der Baß steigt eine Sekunde, *statt* eine Quinte zu fallen. Die Klausellehre sagt, die Baßstimme ist eine „*Occulta*", das heißt, sie ist *verborgen*. Die *fallende Quinte* verbirgt sich zugunsten einer *steigenden Sekunde*. Diese Occulta nun wandert im dritten Takt in den Sopran. Baß und Sopran tauschen. So entsteht der Fauxbourdon, *das* ist die Eröffnung. Tatsächlich eine Occulta, ein Trugschluß!

So hören wir deutlich, daß die steigende Sekunde zusammengehört. In ersten Takt zum Beispiel haben das f im Baß auf dritter Zeit und das cis auf vierter nichts miteinander zu tun. Die Baßartikulation ist e-f/cis-d. Interessant ist, daß das Fonte-Segment im zweiten Takt (von d nach c) eine *neapolitanische* Umspielung des Tones a in der Oberstimme erzeugt. Das werden wir wieder hören, gedehnt, geweitet, als *Vorfeld der Reprise*, als deren Vorbereitung. Takt 257 in der Oberstimme des Klaviers...

...und in den Takten davor, T 295 folgende, wo diese neapolitanische Wendung wie ein Cantus firmus das Geschehen bestimmt.

Die sich entwickelnde Variation

Welchen Weg sind wir bis jetzt gegangen?

Einen Weg der Entwicklung, den Weg einer organischen Zwangsläufigkeit. Das As-Dur „Lied ohne Worte" trägt die darauf folgenden großen Sequenzen in sich. Sie wollen geboren werden und sich entfalten und tun das auch. Der Florestan-Gegensatz markiert das in Takt 185. Das ist ein Weg in die *Zukunft*, von der As-Dur-Kantilene aus gesehen. Dann sind wir zurückgegangen an den Anfang, also in die *Vergangenheit*, zu dem, was vor dieser Kantilene geschehen ist, um zu verstehen, aus was sich die Kantilene herausbildet, was der *Prozeß* ist, aus dem sie sich entwickelt. Schon jetzt ist es kaum noch möglich, *Ursache* und *Folge* voneinander zu trennen. Der Anfang faßt den

Prozeß der Durchführung zusammen, die gleichzeitig aus dem Anfang geboren wird. Eines ist Fortentwicklung und Variation vom anderen. Ursache und Folge sind dasselbe, Vergangenheit und Zukunft in der realen Zeit auch. Die musikalische Zeit und der ihr innewohnende Prozeß kennt weder Vergangenheit noch Zukunft, kennt weder Ursache noch Folge. Alles formt sich. Die Gleichzeitigkeit musikalischer Form breitet ihre Flügel aus in der Aufeinanderfolge der linearen Zeit.

Ich würde gern dieser Spur weiter folgen.

Schaue ich mir die Melodie an, die ab Takt 4 erklingt, zunächst im Orchester, dann im Klavier, so stelle ich fest, daß die fehlende Kadenz der As-Dur-Melodie ab Takt 156 hier vervollständigt ist, in a-moll, zu einer *idealen Periode*.

Die Frage ist: „vervollständigt" der Beginn des Konzerts ab Takt 4 die Melodie in Takt 156, die ja, wie wir gesehen haben, die Kadenz über eine lange, statische Fläche nicht findet und sich steigend fortpflanzt? Oder löst die Melodie T 156 den periodisch konsistenten Beginn auf und läßt die Atemkurve immer mehr steigen? Was ist Henne, was ist Ei?

Vergangenheit und Zukunft - Ursache und Wirkung -

Der einfachste Weg, einen periodischen Nachsatz zu beginnen ist, die Initiale des Vordersatzes noch einmal aufzugreifen. Der Vordersatz endet mit einem Halbschluß, der Nachsatz mit einem Ganzschluß. Einfacher geht es nicht - wie ein einfaches Volkslied dieser Zeit. Doch gibt es ein Aperçu, das einem beim Hören vielleicht entgeht, so flüchtig ist dieser Moment; dennoch lohnt es sich, genauer auf die Harmonisation zu achten. Ich meine das Ende der beiden Initialen, Takt 4 und 12. Im Vordersatz bleibt die Harmonisation in a-moll in Form eines einfachen Quartsext-Vorhaltes. Im Nachsatz haben wir im Prinzip dieselbe Kadenz, nur nach C-Dur. Dieselbe Oberstimme also, der Vorhalt c-h, wird vom Baß einmal unterterziert (nach a) und einmal unteroktaviert (nach C). Wir sagen: der Satz *stagniert* einmal in a und *öffnet* einmal nach C.

Das hat sequenzielle Konsquenzen. Denn das Ganze ist eine Sequenz, und zwar ein Terzstieg a-C. Genauer gesagt ist das ein Segment eines Terzstieges, eines steigenden Pachelbelbasses, der aus zwei Bausteinen besteht.

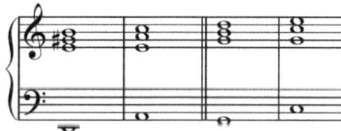

Und das ist ein *Spiegel der fallenden Terzen*, wie sie in den Takten 1-4 des Klavieres erklungen sind! Die harmonische Fortschreitung des eruptiven Beginns greift also gespiegelt in die Kantilene des Klaviers ein - bezeichnenderweise *nur* des Klaviers. Denn es war ja auch das Klavier, das den Terzfall installiert hat.

Freigabe und Vorgang

Hier, spätestens hier, ist alles angelegt. Spätestens hier *geht das Stück vor*, und wir folgen ihm nach. Wir folgen dem Komponisten, der dem Stück folgt. Das System steigender Terzen wartet darauf, *freigegeben* zu werden, wartet darauf, sich zu befreien aus der Tendenz-Latenz. In Takt 20 erklingt in den Streichern zunächst eine Weitung der thematischen Kadenz...

...aus der der Terzstieg erblüht - der bis jetzt, als Spiegel zum Terzfall der Klaviereröffnung, in der periodisch vervollständigten Melodie des Eusebius schlummerte. Nun erwacht er. Hier die Struktur mit Taktzahlen:

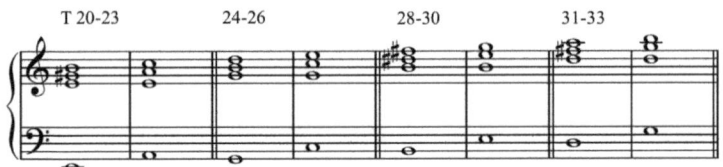

Doch damit ist der Weg nicht zu Ende. Ab Takt 26 liegt im Orchester eine Verzierung über diesem Terzstieg, hier dargestellt anhand des Flötenpaares:

Hieraus entwickelt sich der Seitensatz: Ein euphorischer Hymnus, dem jede Menge Vormärz in den Knochen steckt, jede Menge Idealismus zumal. *„Es muß sich alles, alles wenden"*, und *„es redet trunken die Ferne, wie von künftigem großen Glück!"*. Und wenn der Duft dieses Glückes weht, wenn der Weg angetreten ist, dann ist das Ziel schon erreicht. Adorno spricht hier von der Kategorie des „Durchbruchs", wo sich die Wolken teilen und wir das Licht sehen. Eine offene oder sich öffnende Stelle, die Ziel- und Endpunkt der Freigabe ist. Diese wurde ermöglicht durch die terzweise steigende Sequenz, die wiederum im Keim in der Melodie angelegt war und den kadenziellen Beginn des Klaviers spiegelte. Und aus der zunächst nur *beiläufigen* Ornamentationsidee in Takt 26 konstituiert und verfestigt sich der Hymnus. Er deutet sich an und ergreift die Chance.

Die letzten beiden Beispiele sind gekennzeichnet durch *Hornquinten*. Hornquinten sind im 19. Jahrhundert Symbol des Abschieds. Beethoven unterlegt in seiner Klaviersonate op. 81a, die den Beinamen „*Les Adieux*" trägt, die Hornquinten mit den Worten „*Lebe wohl*":

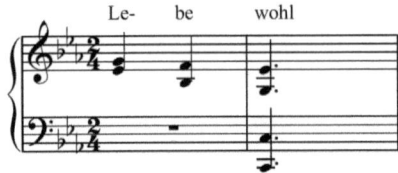

Das ist ein Aspekt, der sowohl in das sequenzielle Vorfeld als auch im Seitensatz einfließt, trotz aller Euphorie. Auch hier spüren wir eine andere Seite: Trotz aller Energie Florestans und der Davidsbündler, die in diesem Hymnus hervorbricht, ist die Melancholie des Eusebius nicht verschwunden. Aber das ist nicht der einzige Punkt. Denn der Seitensatz steht nicht nur in Bezug zu der Sequenz, aus dessen Ornamentation er erwächst, sondern auch zum ersten Thema.

Denn obwohl die Hornquinten von Schumann nicht hörbar instrumentiert sind (im Gegenteil, das Klavier begleitet vollgriffig), so sind sie doch latent im Satz enthalten und befreien sich im Seitensatz. Das heißt, daß der Affektraum des Abschieds im Hauptthema tatsächlich eine Rolle spielt. Das wäre neben aller autonomieästhetischen Konsequenz, die diese Melodie geradezu erzeugt, ein außermusikalischer Aspekt. Eine poetische Idee, die dieser Melodie eine Farbe verleiht. Es ist der Ruf des Horns, dessen Klang sich im Wald immer mehr verliert, und wir heben die Hand zum Abschied.

Im Thema des letzten Satzes werden dann die Hornquinten deutlich hörbar. Schumann löst die Erwartung ein:

Das System steigender Terzen ab Takt 20 schließt sich durch ein System fallender Terzen. Das System steigender Terzen öffnet, das System fallender Terzen schließt. Der erste Satz des Klavierkonzertes öffnet, der letzte schließt. Wenn wir uns den Seitensatz des letztes Satzes anschauen, so sehen wir den Pachelbelbaß wieder, diesmal fallend.

Auch hier entdecken wir von Takt 6 auf 8 das Fonte-Segment, also den Sekundfall, von dem ich schon gesprochen habe. Und daran, daß ich schon davon gesprochen habe, ist zu erkennen, daß dieses zweite Thema des Finale rückschlüssig ist zur Klaviereröffnung. Es löst den Terzfall ein und gießt ihn in einen Tanz.

Alle Stellen, die ich bisher besprochen habe, haben eine *gemeinsame Substanz*.

Eine Zwischenbilanz: Wenn wir nach Begriffen suchen, die die gängige Formenlehre zu Verfügung stellt, so finden wir deren zwei: *Entwicklung* und *Reihung*. Beide stehen zunächst nebeneinander und scheuen sich, eine Synthese einzugehen. Also Entwicklung *oder* Reihung. Variationszyklen als Paradigma der Reihung gehen mit der Vorstellung einher, daß ein Thema auf vielfältige Weise variiert wird. Paul Schenk hat das einmal so definiert: „Der Reiz des Neuen, gepaart mit dem Lustwert des Bekannten". Die einzelnen Variationen folgen aufeinander, sie *reihen* sich aneinander wie die Perlen auf einer Kette. Daher spricht man auch von einer *Reihenform*. Wir gehen gewissermaßen durch eine Bildergalerie der Variationen und Ornamentationen, eine mehr oder weniger lockere Sammlung, deren einzelne Teile zunächst keinen Bezug aufeinander nehmen müssen. Ich frage allerdings, ob eine lockere Reihenform überhaupt möglich ist. Denn die eine Variation wird auf die andere abfärben, so oder so, und gerade die Mollvariationen bei Mozart etwa strahlen auf ihre Umgebung ab und nehmen eine exponierte Stellung ein. So ist jede Reihenform, auch das Rondo, jenseits der variativen Vielfalt ein *Weg*, den man zurücklegt. Und ein Weg hat einen Anfang und ein Ziel, und ist, gleich ob wir das Ziel erreichen oder an den Anfang zurückkehren, immer ein Ganzes; allein durch den Vorgang des Voranschreitens.

Auf der anderen Seite steht die *Entwicklung*. Dieser Topos wird vor allem mit der klassischen Sonate assoziiert. Man kann kontrastierende Elemente zwischen Haupt- und Seitensatz herausarbeiten, die in der Durchführung zum Gegenstand werden. Man kann auch der organischen Entwicklung der Sonate aus einer Idee folgen, die das momentane Ereignis im Kleinen wie die große Form bestimmt. In beiden Fällen haben wir den Entwicklungsgedanken im Hintergrund, der vom Wesen her strukturell und auch dramaturgisch ist.

Ich habe beschlossen, beide Kategorien miteinander zu verheiraten. Entwicklung ist für mich ohne die Kategorie der Variation nicht denkbar. Denn die Variation formt einen Kerngedanken unterschiedlich aus. Sie legt sein Potenzial frei, seine Möglichkeiten, die ihm latent innewohnen. An der Oberfläche - und so funktionieren viele Variationszyklen - passiert das, indem der Komponist oder improvisierende Spieler die Harmonik verschärft, die Melodik anreichert, die Rhythmik verkompliziert und möglichst vielfältig ausgestaltet, den Klaviersatz verändert, und so weiter. (Der Begriff der „sich entwickelnden Variation" ist von Schönberg, angewandt vor allem auf Brahms, in seinem Buch „Grundlagen der musikalischen Komposition".)

Lassen wir aber für einen Moment die Kategorie der *Möglichkeit* zu, so bekommt der Variationsbegriff und der Entwicklungsbegriff eine neue Dimension. Die Idee eines Werkes steht dann nicht a priori über ihm wie ein gefaßter Beschluß, dem sich alles unterzuordnen hat, sondern *entsteht* in einem Moment. Vielleicht sogar unbemerkt vom Komponisten selbst oder zumindest unbewußt für den Moment. Aber sie will Früchte tragen, mindestens nicht allein bleiben. So treibt sie Blüten aus, die unterschiedliche Farben und Formen haben, aber doch *einer* Pflanze entstammen. Diese Blüten nun existieren zur selben Zeit - sinnlich erfahrbar oder noch latent im Bereich der Möglichkeiten. Breiten sie ihre Flügel aus in der Zeit, dann stellt sich die Frage: wann kommt was warum? Und dieses warum impliziert eine Kette von Ursachen und Folgen: was erzeugt was? Da aber die musikalische Zeit gekrümmt ist (oder sollte ich besser sagen: *geformt*), ist jedes Ereignis Ursache *und* Folge gleichzeitig. So kann eine noch gestaltlose Ausformung eines Ereignisses eine Variation sein eines großflächigen Vorgangs, der dieses Ereignis hörbar macht und ausbreitet; eine Melodie kann einen Prozeß in ihre Gesanglichkeit aufnehmen, ihn lösen oder einen neuen auslösen. Auf diese Weise entwickeln sich die variativen Elemente zu einem Ganzen. Und wir kommen in den Genuß, Musik nicht als eine *Aneinanderreihung* von Ereignissen zu erleben, sondern als ein Ganzes, als eine Einheit.

Im Legendenton

Eine Geschichte:

Der Name Florestan erscheint auch in der Oper „*Fidelio*" von Ludwig van Beethoven. Dort heißt die Hauptfigur so. Florestan ist ein Republikaner, ein Freidenker, der eingekerkert wurde durch Pizarro, einem menschenverachtenden Despoten. Florestan gibt die Hoffnung nicht auf, die Hoffnung auf eine bessere Gesellschaft, in der die Menschen sich von der Knechtschaft befreien und in Freiheit leben können. „*Zur Freiheit, zur Freiheit, ins göttliche Land*", das ist seine Vision, das ist derHoffnungsruf am Ende seiner großen Kerkerarie „*Oh Gott, welch Dunkel hier*". Vom Dunkel zur Freiheit, diesen Bogen spannt die Arie, diesen Weg geht Florestan in seinem großen Monolog, und diesen Weg geht die Musik Beethovens. Nicht nur in dieser Arie, sondern generell. „*Durch Nacht zum Licht*" ist eines der großen Ideen Beethovens, die große Triebfeder seiner Musik - wie in der 5. Sinfonie, die auf das große hymnische Finale in C-Dur zuhält, als auch in der 9. Sinfonie, als auch in vielen anderen Werken. Die Kerkerwände will Florestan niederreißen und endlich hinausgehen in ein weites, offenes Land. Das ist mehr als Hoffnung, vielleicht sogar mehr als Wille. Denn Hegel sagt, wenn der Gefangene gegen die Zellentür schlägt mit seinen Fäusten, ist die Freiheit schon antizipierte *Wirklichkeit*.

Florestan personifiziert die Hoffnung und die Freiheit. Er personifiziert auch den Kampf darum. Florestan ist unbeugsam. Pizarro hat keine Chance, selbst wenn er ihn töten würde. Denn die Morgenröte einer neuen, besseren Zeit, nach der sich die Menschen sehnen, ist bereits angebrochen. Diese Morgenröte ist Leonore.

Ist es Zufall, daß Schumann sein zweites Ich Florestan nennt?

Pizarro also hält Florestan im Kerker gefangen, in einem dunklen Loch. Er fürchtet, daß der Minister, der sich angekündigt hat, seinen Gefangenen entdecken könnte. Leonore aber, die Gattin Florestans, verkleidet sich als Mann, nennt sich „Fidelio" und begibt sich zum Schein in die Dienste Pizarros, um ihren Mann zu retten. *„Ein Engel Leonore"*, das ist das Bild, das Florestan im Traum erscheint. Pizarro weist seinen Trompeter an, durch ein Signal vor der Ankunft des Ministers zu warnen. Als das Signal ertönt, zieht Pizarro den Dolch, um Florestan zu töten. Leonore wirft sich dazwischen mit gezogener Waffe, rettet ihm das Leben und führt ihn hinaus zur Freiheit, ins göttliche Land...

Erzählt das Hauptthema des ersten Satzes diese Geschichte, „im Legendenton"?

Ich stelle das Leonore-Thema aus der 3. Leonore-Ouverture Beethovens dem Hauptthema des ersten Satzes aus dem Klavierkonzert Schumanns gegenüber:

Die Ähnlichkeit beider Themen ist offenkundig. Besonders dadurch, daß sich die Melodie zur Quinte aufschwingt, um anschließend wieder zu stufenweise zu fallen. Dieses Ausatmen hält bei beiden inne durch einen chromatischen Schritt. Der Unterschied ist ebenso offenkundig. Beethovens Melodie hebt an mit einem steigenden

Skalensegment, die Melodie Schumanns mit einem fallenden. Rein melodisch atmet die Melodie Beethovens ein, die Schumanns aus. Doch gibt es auch noch den harmonischen Gesichtspunkt. Der Baß Beethovens Takt 1-3 ist ein Kadenzbaß von der Dominante E nach A. Diese beiden Ecktöne werden skalenförmig verbunden. Das ist eine grundsätzliche Kadenzform: eine der Hauptstufen einer Tonart wird stufenweise erreicht, der Baß klettert hinauf wie auf einer Leiter. Ich nenne diese alte Kadenzform „Ruggiero".

Melodisch also steigt das Melos Beethovens (es atmet also ein), kadenziell fällt es über Ruggiero (es bringt etwas zu Ende, es schließt, es atmet aus). Diese Schlußwirkung hat diese Melodie mit Schumann tatsächlich gemeinsam.

Aber An- und Abwesenheit sind künstlerisch dasselbe. Schumanns Melodie fällt, das ist wahr. Und dennoch, oder gerade *dadurch*, ist das Einatmen, das Steigen der melodischen Linie nicht weg, nicht ver-worfen. Es ist nur noch nicht *verwirklicht*. Es ist latent im Raum, als Möglichkeit, und wird sich später entfalten.

Das geschieht tatsächlich. Sowohl im Thema des Intermezzos...

...als auch im Thema des Finale.

Bleibt also die Frage: steht das Leonore-Thema Pate für das Klavierkonzert Schumanns? Wir wissen es nicht. Aber die Antwort ist auch nicht wichtig. Denn schon die Frage öffnet zwei Räume, erzählt zwei Geschichten. Eine heteronomieästhetische, außermusikalische: die Geschichte Leonores und Florestans. Dabei ist die Namensgleichheit zum Pseudonym und Alter Ego Schumann außerordentlich bemerkenswert, wie ich finde. Und eine autonomieästhetische, innermusikalische. Kadenziell beginnen beide Melodien, die Beethovens in harmonischer Hinsicht, die Schumanns in melodischer und harmonischer Hinsicht. Die fallende Linie Schumanns tritt in einen Dialog mit der steigenden Beethovens. Fast scheinen beide Melodien einem Stück, einem musikalischen Zusammenhang zu entstammen. Doch ist die steigende Linie - Ruggiero - bei Schumann nicht - oder noch nicht - da. Sie ist latent und durch die fallende als deren Spiegel bereits formuliert. Sie wird zögerlich, etwas schüchtern vielleicht, ihren Kopf im Intermezzo hinter dem Vorhang hervorstrecken und sich dann vehement und selbstbewußt im letzten Satz befreien.

Dieser letzte Satz steht in A-Dur - wie bei Beethoven in den großen c-moll-Werken, in der 5. Sinfonie und in der Klaviersonate op. 111; auch hier stehen die Schlußsätze in C-Dur. In der op. 111 als Gesang des Abschieds, in der 5. als Hymnus an den sich öffnenden Horizont, wo sich die Hoffnung endlich erfüllt: zur Freiheit, zur Freiheit, ins göttliche Land...

Intermezzo

Die fallenden Hornquinten des ersten Satzes atmen aus, die steigenden Hornquinten des letzten Satzes atmen ein. Die beiden Teile der Atemkurve sind vertauscht. Um sich das deutlich zu machen schlage ich ein Experiment vor. Man nehme das Thema des letzten Satzes und spiele es (in Moll) im Anschluß an den kurzen Klavier-Prolog. Abgesehen von der nicht passenden Taktart würde der Gestus passen. Und die Kadenz des Klavieres, die ja gewissermaßen auch als Schluß einer großen Solokadenz aufgefaßt werden kann, diese Kadenz wird durch die Initiale des Schlußsatzes, durch diese vorwärtsstürmende Aufwärtsbewegung der Hornquinten, aufgefangen. Wohin nun mit dem Hauptthema des ersten Satzes? Als Schlußsatz taugt er nicht; wohl aber als zweiter, langsamer Satz. Denn das ist er eigentlich - ein langsamer Satz, ganz plötzlich nach den ersten vier Takten. Erst durch die erste große steigende Sequenz ab Takt 20 fängt der Satz an, zu beschleunigen. Das Tempo also ist nicht von vornherein da, sondern wird vor unseren Ohren geboren. Das hat Schumann nicht erfunden, es gibt viele große Vorbilder. Eines davon ist der berühmte Anfang des 4. Klavierkonzerts von Beethoven. Auch hier hat das Klavier einen Prolog, es beginnt entgegen der Erwartung und Konvention. Auch hier haben wir den Eindruck, daß wir uns in einem langsamen Satz befinden. Erst das Orchester, das zunächst in H-Dur einsetzt und diesen hochchromatischen Schnitt dann quintfällig schließt, beschleunigt eben mit dieser Sequenz die Bewegung. Das ist eine auffällige Gemeinsamkeit.

Hier die periodische Entsprechung von erstem und letztem Satz:

Ein weiteres Element verbindet die drei Sätze miteinander. Das ist der Oktavsprung. Im Thema des ersten Satzes Takt 5, im Thema des zweiten Takt 4, und im Thema des dritten auch Takt 4.

Was ist das für ein merkwürdiger zweiter Satz? Wir hören keine Kantilene in Chopin'scher Manier (die haben wir schon im ersten Satz gehört ab Takt 156, in As-Dur). Ein schüchterner Beginn ist das, zögerlich, ohne wirklich nachsingbar zu sein. Auf den ersten Blick fühle ich mich an eine Klavierfantasie erinnert, aber auch an den zweiten Satz von Beethovens „Waldsteinsonate". Der heißt zwar nicht „Intermezzo" sondern „Introduzione". Die Funktion jedoch finde ich vergleichbar. Es ist kein großer eigenständiger zweiter Satz wie etwa in der Hammerklaviersonate. Ein Zwischenspiel, ein Übergang, der nahtlos in das Finale leitet, wie auch bei Schumann. Und folgender kleiner Ausschnitt aus der „Introduzione" Beethovens erinnert mich ein wenig an Schumanns Anfang...

...der die drei steigenden „Sechzehntel Beethovens" herauslöst. Ist das ein weiterer Aspekt, ein weiterer Assoziationskreis? Nehmen wir an, uns ist die Waldsteinsonate frisch im Gedächtnis. Ist es denkbar, daß die drei oder vier steigenden Sechzehntel diese Stelle Beethovens in unserer Fantasie entstehen lassen, wir uns also im inneren Ohr erinnern? Dann würden wir erleben, daß Vorstellung, Erinnerung und sinnliche Wahrnehmung sich an die Hand nehmen und einen „pas de trois" eingehen.

Der Schriftsteller Max Frisch hat in seinen frühen Tagebüchern folgendes notiert, ich zitiere inhaltlich: Wenn ein Schauspieler einen Hinkenden spielen soll, so überzeugend, das man ihm das abnimmt, so darf er nicht den Fehler begehen, die ganze Zeit zu hinken. Der Zuschauer wird sich daran gewöhnen und das Hinken nicht mehr wahrnehmen. Vielmehr sollte er nur in den ersten zehn Minuten hinken und dann nicht mehr. Dann wird der Zuschauer das Hinken in seiner Fantasie ergänzen und den Eindruck gewinnen, der Schauspieler hinke die ganze Zeit. Diesen Vorgang nennt man *Induktion*. Also noch einmal die Frage: hören wir am Anfang Beehovens Waldsteinsonate, erinnern wir uns im ersten Satz an Leonore und Florestan - durch die Kraft der *Induktion*?

Die erste wirklich kantable Linie begegnet uns in Takt 5. Sie atmet kadenziell aus.

Diese Kadenz scheint zu einer ganz anderen Initiale zu gehören als zu der verhaltenen, tastenden Schumanns, wie sie in den Takten 1 und 2 erklang. Sie ist verheiratet mit Takt 4 und 5, einer kleinen steigenden einatmenden Sequenz. Nur ist dort die Metrik anderes, das heißt die Taktruppierung. Takt 4 und 5 bildet eintaktige Phrasen aus; diese Kadenz ist zweitaktig mit Auftakt.

Barform

Das entspricht einer alten Liedform, die „Barform" genannt wird. Wagner macht die Barform in seinen „Meistersingern" zu Pädagogikum. Hans Sachs, der alte Meistersinger, versucht dem jungen Hitzkopf Stolzing im dritten Akt die Flügel zu stutzen. Er bringt ihm bei, wie die Barform nach den überkommenden Regeln der Kunst funtioniert, aber auch, wie man sie mit Inhalt und Ausdruck füllt - das heißt, wie und wann man sich von dem starren Schema lösen kann und sogar *muß*. Hören wir einen Moment zu, was Sachs dem Stolzing zu sagen weiß:

„Das war ein "Stollen"; nun achtet wohl,
dass ganz ein gleicher ihm folgen soll."

...

„Ihr schlosset nicht im gleichen Ton:
das macht den Meistern Pein; (Anm.:man beachte die steigende Sequenz bei Schumann; sie endet einen Ton höher!)
doch nimmt Hans Sachs die Lehr' davon,
im Lenz wohl müss' es so sein.
Nun stellt mir einen "Abgesang".

...

„Ob euch gelang,
ein rechtes Paar zu finden,
das zeigt sich an den Kinden;
den Stollen ähnlich, doch nicht gleich,
an eig'nen Reim' und Tönen reich;
dass man's recht schlank und selbstig find',

das freut die Eltern an dem Kind:
und euren Stollen gibt's den Schluss,
dass nichts davon abfallen muss."

...

„Das nenn' ich mir einen Abgesang:
Seht, wie der ganze Bar gelang!
Nur mit der Melodei
seid ihr ein wenig frei;
doch sag' ich nicht, dass das ein Fehler sei;
nur ist's nicht leicht zu behalten,
und das ärgert uns're Alten."

...

Wie man an den beiden letzten Notenbeispielen erkennt, endet der Abgesang zwar im Sopran auf f, wird aber von den übrigen Stimmen nach *d-moll* gefaßt. Er endet nicht *„im gleichen Ton"*, um es mit Hans Sachs zu sagen. Die Kadenz nach F stellt sich nicht ein, sie wird „geflohen". Das nennen die italienischen Meister im 16. Jahrhundert *„Sfuggire la cadenza"*, „die Kadenz fliehen". Schumann bringt sie daher ab Takt 7 ein zweites Mal, geweitet und nochmals geweitet. Die Melodie spannt ihre Flügel aus zum Hochton a. Das ist fast so streng organisiert wie bei Palestrina. Dieser höchste Ton a fällt nicht vom Himmel, sondern wird *allmählich* hergeleitet. Takt 4 f, Takt 5 g, also sequenziell. Takt 7 nun endlich a. Der Satz überschreitet nach und nach eine Schwelle zu dem höchsten Ton hin. Wir sprechen von *Schwellentönen*. Auch wie er das in den Takt eingliedert, hat viel mit altem Stil gemeinsam, eben mit dem Melodieideal Palestrinas. In den Takten 4 und 5 liegen die höchsten Töne auf schwerer Zeit. Der höchste aber, a, wird leicht gefaßt und liegt auf der vierten Sechzehntel - also auf sehr unbetonter Zeit.

Und es gibt noch eine weitere Verbindung zur Melodik Palestrinas. Der höchste Ton der Melodie steht kurz vor der Kadenz und wird durch einen Sprung erreicht, nicht stufenweise. Dieser Sprung ist hier die Sexte c-a.

Kein musikalisches Ereignis steht je isoliert. Alles will sich entwickeln und sucht Rückschlüsse auf der Spirale. So flüchtig auch immer etwas sein mag, es streckt die Hand aus und will weiter gehen. Die Entwicklung auf diesem relativ kleinen Raum ist schon bemerkenswert. Von dem suchenden Anfang zu dieser melodischen Weite! Doch es bleibt nicht stehen, das Stück geht vor. Aus dieser Sext, die den höchsten Ton des geweiteten Abgesangs gesanglich trägt, wird eine weitere Melodie geboren. Ab Takt 29 liegt sie in den Celli und ist rhythmisch augmentiert, eine Tenorkantilene. Auch an dieser Stelle folgt die Metrik der Melodie der Barform - diesmal ist sie wirklich da. Sie konstituiert sich in voller Länge. Der Abgesang wird immer länger, von Takt 5 über Takt 7 zu Takt 37. Die Kantilene nimmt sich die Zeit, sich zu einem großen Gesang zu formen. Wenn man mit dieser Erfahrung im Gepäck noch einmal den Anfang hört, wird man des Bogens gewahr, den dieser Satz bis hierhin schlägt:

Der Tanz

> „...und endlich aus den reifgewordenen Tak-
> ten: entsprang der Tanz. Und alle riß er hin.
> Das war ein Wellenschlagen in den Sälen,
> ein Sich-Begegnen und ein Sich-Erwählen,
> ein Abschiednehmen und ein Wiederfinden,
> ein Glanzgenießen und ein Licht-Erblinden
> und ein Sich-Wiegen in den Sommerwin-
> den, die in den Kleidern warmer Frauen
> sind." (Rilke)

Woraus entspringt der Tanz? Wann sind die Takte reif geworden?

Ich stelle mir einen einsamen Wanderer vor, der in der Nacht an einem Ballsaal vorbeistreift. Er sieht die Fenster hell erleuchtet und nähert sich. Die Musik dringt gedämpft an sein Ohr, wie aus weiter Ferne. Von den Tanzenden drinnen sieht er nur die Schatten, da die Fenster aus Milchglas sind. Dieses Bild hilft mir, mir den Anfang des Schumann'schen Intermezzos zu vergegenwärtigen. Dieser Anfang ist eine *Ahnung*, eine *Erinnerung* an einen Walzer, der nachklingt. Ein Nachklang vielleicht einer glücklichen Ballnacht, doch die Menschen sind längst gegangen - nur die Musik scheint noch im Raum zu hän-gen. Sie tönt von *fern*. Der Zweivierteltakt läßt den ursprünglichen Dreiviertel noch schemenhaft durchscheinen. Klang der Walzer einst so?

Und ab Takt 29: klang er so?

Noch einmal zum Anfang des Intermezzos. Das Klavier und die Streicher stehen in einem Dialog miteinander. Die Streicher füllen gewissermaßen die Pausen des Klaviers, wie ein Echo. Eine enorm kammermusikalische Textur. Die Oberstimme des Klaviers und die ersten Violinen lassen sich zu einer melodischen Linie zusammenfassen. Das sieht dann so aus:

Das entspricht folgender Fonte-Sequenz:

In Tänzen ist es normalerweise so, daß die Fonte-Sequenz nach dem Doppelstrich steht. Sie eröffnet den zweiten Teil des Tanzes. Hier verändert sich auch die Schrittfolge. Sie wird bewegter. Greifen wir noch einmal zum „*Basso*" der *Goldbergvariationen* zurück, von dem ich schon einmal gesprochen habe. Die „*Aria*" der Goldbergvariationen ist ja auch ein Tanz - eine Sarabande.

An der markierten Stelle ist die Fonte-Sequenz deutlich zu sehen.

Das bedeutet aber, daß bei Schumann der Walzer nicht nur im Zweivierteltakt „verfremdet" nachklingt. Es bedeutet auch, daß er *in der Mitte ansetzt, ab dem Doppelstrich!* Über die erste Hälfte ist der Vorhang der Nacht, des Verklingens und des Vergessens gefallen.

Vielleicht ist das der Grund, warum über diesem an sich ja tröstlichen F-Dur ein eigenartig wehmütiger Schleier liegt.

Warum der Zweivierteltakt?

Das Menuett war ein höfischer Tanz. Mit der Verbürgerlichung der deutschen Kunst verschwindet es mehr und mehr. Es wurde in Zusammenhang gebracht mit der Tanzkultur des Adels. Mit anderen Worten: Das Menuett ist der Tanz, der mit dem Hochbarock und dem Feudalismus verknüpft ist. Louis XIV hat diesen Tanz an seinem Hofe etabliert. Kein Wunder also, daß das Menuett zusehens an Bedeutung verliert, eben wegen dieser Verbindung.

An die Stelle des Menuetts tritt der Ländler und der Walzer. Goethe berichtet, daß man zusehens *„weniger menuettiert und mehr walzt"*. Beides sind bürgerliche Tänze, Tänze des emanzipierten Bürgertums. In beiden allerdings schwingen Reste des Menuetts mit. Das gilt vor allem für die Akzente im Dreivierteltakt. Die Tanzschritte des Menuetts sind *hemiolisch*. Das heißt, daß die Akzente auf der drei des ersten Taktes und auf der zwei des zweiten Taktes liegen. An diesen Stellen machte der Tänzer ein Plié, eine kurze hüpfende Bewegung mit dem rechten Fuß an die linke Ferse oder umgekehrt. Ich möche das anhand des berühmten Menuetts von Bach zeigen:

Es liegen drei Zweiergruppen der Akzente über zwei Dreiergruppen des Taktes. Zwei Dreivierteltakte entsprechen drei Halben oder drei *Zweivierteltakten*.

Das Menuett verschwindet zwar aus dem bürgerlichen gesell-schaftlichen Leben, aber nicht aus der Kunstmusik. In der Sinfonie hat es seinen festen Platz. Nur, daß sich dort das Tempo erhöht und sich zusehens zum Scherzo entwickelt. Die Hemiolenbildung aber ist bei manchen Menuetten deutlich hörbar und bewußt auskomponiert. Wie zum Beispiel im Menuett der Sinfonie g-moll, KV 550, von Mozart:

Und bei Schumann prägt das Scherzo der ersten Sinfonie eine solche Hemiole:

Im Klavierkonzert gibt der Seitensatz des Finale nun diese Hemiole frei. Es ist ein Tanz, der die Hemiole als das rythmische Hauptereignis ausstellt:

3. Satz, Takt 187, Reduktion

Der Dreiertakt im Intermezzo war noch ein von der Fantasie, von der Induktion vorgestellter, gemalter Hintergrund, der durch den Zweivierteltakt durchscheinte. Zum *Ereignis* wird diese Hemiole im dritten Satz, wenn der Seitensatz erklingt.

Die Fonte-Sequenz am Anfang des Intermezzo ist, wenn man von einem Tanzsatz ausgeht, im zweiten Teil des Tanzes verortet. So beginnt also diese Erinnerung *in der Mitte* eines Tanzes und läßt den wahren Beginn in der Vergangenheit versinken. Stellen wir uns eine Stereoanlage vor, deren Laustärkeregler heruntergefahren ist. Man dreht ihn langsam auf und gerät mitten in ein Musikstück hinein. Das ist es, was ich unter „partieller Melodiebildung" verstehe.

Im Finale nun bricht der euphorische Tanz aus. Sprach noch im Intermezzo Eusebius zu uns, so nimmt ihm abermals Florestan das Zepter aus der Hand und ergießt sich in einen Rausch. Der Orchesterschlag auf der eins des Taktes 109 ist derselbe wie zu Beginn des ersten Satzes; er ist rückschlüssig auf der Spirale. Wir hören den gleichen gewaltigen Impuls, doch gleicht er nicht dem Anfang. Denn er fällt ein in ein *Vorfeld* (ab Takt 103 des Intermezzo), das sich an die Hornquinten des Hauptthemas im ersten Satz erinnert.

Wir erinnern uns, daß sie dort zwar latent angelegt, aber nicht ausformuliert waren. Nun aber, im zweiten Satz ab Takt 103, wird dieses Thema *tatsächlich* so harmonisiert! Hier löst Schumann wiederum ein formales und harmonisches Versprechen ein. Gleichzeitig nehmen diese Hornquinten das Thema des Finale voraus. Sie sind Erinnerung und Antizipation zugleich. Ich möchte meinen, Schumann hat eine solche formale Konsequenz von Beethoven gelernt. Und: diese Hornquinten wirken hier *wirklich* wie ein Abschied, ein Lebewohl - um sich dann im letzten Satz die stürmische Maske des Florestan anzulegen.

Sie erscheinen in Dur (T 103f.) und in Moll (T 105f). Das ist einerseits ein momentanes, klangliches Ereignis, das Gustav Mahler später „*wie ein Naturlaut*" (so er selbst) einsetzen wird. Aber es hat hier auch die Funktion einer formalen Klammer und Überleitung zwischen dem ersten Satz in a-moll und dem Finale in A-Dur.

Abschied, Naturlaut, innermusikalische formale Notwendigkeit - das alles spielt hier zusammen und konkretisiert sich in dem, was erklingt -

Im *Finale* nun erscheint der Dreiertakt im Hauptthema am Anfang stabil. Doch wird die Hemiole, die bis jetzt nur im Verborgenen da war, langsam zum sinnlichen Ereignis.

Das rasche Tempo und der klare Impuls des Orchesters überdecken sie zwar noch; daher hat sie zunächst keine Zeit, aufzufallen wie später im Seitensatz. Doch die Stelle Takt 127/128 ist prägnant hemiolisch und löst so, mit vorwärtsdrängendem Affekt, das Versprechen des Intermezzo ein. Auch nimmt diese Stelle den Seitensatz voraus, deutet ihn zumindest rythmisch an. Im Seitensatz schließlich ist die Hemiole *das* musikalische Ereignis.

So also ist der Weg: Induktion - Andeutung - Einlösung.

In den konzertierenden Soloepisoden wie in Takt 148 ff. nun ist die Hemiole weiter deutlich hörbar. Sie frißt sich in den Satz hinein und tritt in Konflikt mit dem Dreiviertel-Metrum. Übrigens, übersehen wir nicht die Hornquinten in der linken Hand...

Klavier, T 148

Die Achtel sind in Vierergruppen arikuliert, so daß ein Dreihalbetakt in der rechten Hand entsteht. Zwischen rechts und links besteht also das Tempoverhältnis 3:2, das sich aber spätestens im Vorfeld des Seitensatzes ab Takt 165 wieder löst. Die Akzente auf der eins des Dreivierteltaktes machen das deutlich. Die rechte Hand ist nun befreit, und der Baß wirkt wie Cantus-Firmus.

Aus uralten Zeiten

Es lohnt sich, beim zweiten Thema inne zu halten. Ich tue das, indem ich den Blick schweifen lasse in vergangene Zeiten. Warum? Erinnern wir uns: der romantische Mensch ist in die Fremde ausgezogen und sucht die Heimat, die blaue Blume. Sie liegt fern, sie tönt von ferne, und so denkt er zurück an vergangene Tage, an die „gute alte Zeit". Dieser sogenannte Historismus ist im 19. Jahrhundert ein kollektiver Affekt.

Was hat das nun mit dem zweiten Thema zu tun? Zunächst wird es kaum jemanden geben, der beim Hören dieser Stelle denkt: „Ach, ein Zitat aus dem 17. Jahrhundert". Wenn wir den historisierenden Gehalt entdecken wollen, müssen wir hinter den Vorhang der Offenkundigkeit des ersten Eindrucks schauen, um uns zu sensibilisieren für die historisierende Dimension dieses ganz außergewöhnlichen musikalischen Einfalls.

Dazu übertrage ich die Hemiole des Schumann'schen Themas in einen Dreivierteltakt; die Halben bei Schumann werden zu Vierteln:

Schauen wir auf die Sequenz der linken Hand. Das harmonische Tempo ist die Zeit, die ein Sequenzglied braucht. Jeder Ton des Terzfalls (e-h-cis) beansprucht einen ganzen Takt, also drei Viertel. Der Quintfall aber *beschleunigt* die Sequenz (cis-fis-h). Das ist nötig, damit wir im vierten Takt (gezählt ohne Auftakt) auf dem Halbschluß

H-Dur herauskommen. Ohne diese Beschleunigung würde die Phrase fünf Takte in Anspruch nehmen:

Mit Beschleunigung...:

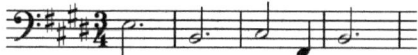

...und ohne...

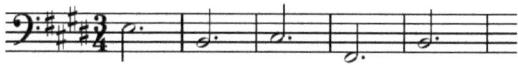

Sequenzen müssen also beschleunigen, um die Viertaktmetrik zu wahren.

Im Goldbergbaß verhält sich die Fonte-Sequenz nach dem Doppelstrich genauso:

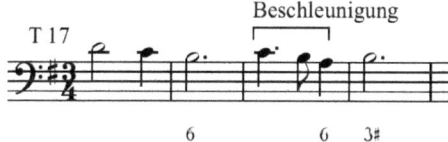

Vergleichen wir auch hier mit der Version ohne Bescheunigung; wieder bekommen wir fünf Takte:

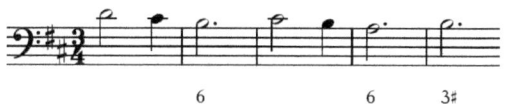

Ich suche nun ein Beispiel alter Musik, *älter* als Bach, um es in einen Bezug zu stellen zu Schumann. Ich suche das *Alte* hinter dem Vorhang des *Neuen*. Dabei suche ich kein Zitat, das wäre zu offensichtlich. Ich suche das gleiche *Prinzip*, hier das hemiolische. Und das nicht nur als kompositorisches Handwerk; das gab es zu allen Zeiten, das ist ein grundlegendes Prinzip musikalischer Zeitorganisation. Nein, ich suche die Hemiole als *Idee*, als grundlegendes Gesaltungsmerkmal. Aber nicht als spekulatives Element mathematischer Proportion (wie etwa bei Ockghem), sondern als *Tanz*, denn darum geht es hier.

Fündig werde ich bei *Girolamo Frescobaldi*, in seinen „*Cento partite sopra passcaglī*" aus seinem ersten Buch der Toccaten von 1637. Hier ist eine vereinfachte Übertragung von mir im Dreivierteltakt, um Schumann nicht aus den Augen zu verlieren:

Ein einfacher Fauxboudonsatz abwärts, eine für die Zeit typische „Ciaccona". Die aber war gleichzeitig auch ein Tanz, der in ganz Europa verbreitet war.

Wenn man das durchspielt, so merkt man sofort, daß die Akzente auf der zweiten Zählzeit der Takte 2 und 4 eine Hemiole provozieren. Ich mache also dassselbe wie bei Schumann: ich gruppiere in Halben und übertrage das in einen Dreihalbetakt. Zweimal Dreiviertel sind dreimal Zweihalbe. Es entsteht eine Hemiole zwei zu drei:

Die erste eigenständige Variation bezeichnet Frescobaldi als „*Corrente*". Auch hier eine vereinfachte Übertragung:

Ein relativ schneller Dreiertakt, ein lebendiger Tanz mit Laufschritten. Gibt es ein faßbares, proportionales Verhältnis der Corrente zum Thema? Auf den ersten Blick wohl nicht - das Thema ist *ruhig*, die Corrente *schnell*. Aber nehmen wir die hemiolische Taktnotation im Dreihalbetakt als „Brücke", dann ergibt sich ein ganz einfaches Tempoverhältnis. Gemessen an den Halben nämlich ist die Corrente dreimal so schnell. Sie hat das Tempoverhältnis 3:1. Da nun der Dreihalbetakt als Hemiole im Verhätnis 3:2 zur Ausgangsversion steht, hat die Corrente ein Tempoverhältnis 9:2 zum Thema. Quod erat demonstrandum. Das kann natürlich kein Spieler realisieren. Es sei denn, man empfindet das Thema *hemiolisch* und spielt dann die Corrente *triolisch*.

Ein Beispiel, wie im 17. Jahrhundert zwei Kategorien ineinanderwirken: die der *Proportion* und die des *Tanzes*. Zwei Hauptkategorien der Renaissance...

Der Schlußtaumel

Aus dem Tanz entsteht die Melodie. Aus der Melodie entsteht der Prozeß. Aus dem Prozeß entsteht der virtuose Taumel. Der virtuose Taumel erzeugt einen Sog, mit dem der letzte Satz auf den Schluß zuhält. Der Schluß ist wie ein Magnet, der alles anzieht und beschleunigt. So stürzt der Satz dem Schlußakkord entgegen.

Um das genauer zu verstehen, gehe ich noch einmal zurück zum ersten Thema des letzten Satzes und möchte auf einen Aspekt schauen, den ich bis jetzt noch nicht beachtet habe: die Harmonik. Denn die Struktur der Sequenzbildungen ist die Brücke, die alles verbindet.

Der Satz öffnet im 6. und 7. Takt des Beispiels von A nach cis. Wir haben es mit einem Terzstieg zu tun. Dieser Terzstieg wird nun quintfällig wieder nach A zurückgeführt. Takt 10 ff: Fis-h, E-a. Um es noch deutlicher zu machen: die steigende Terz A-cis wird stufenweise wieder geschlossen. (*Stufenweise* deshalb, weil der Baustein der Sequenz die fallende Quinte im Baß ist, also der Schritt Dominante-Tonika, wenn man so will. Dieses Element wird stufenweise abwärts sequenziert.) Was hier passiert, ist die Kombination eines steigenden Sequenzastes (A-Cis) und eines fallenden (cis-h-a). Der Sprung aufwärts wird schrittweise abwärts wieder geschlossen. Das ist eine *Bogensequenz*, die Öffnung und Schließung, Initiale und Kadenz zu einer Einheit verbindet. Das *Signal* für den fallenden Teil ist der Ton g im 8. Takt des Beispiels. Der Ton g ist, bezogen auf cis-moll, die *tiefalterierte* Quinte. Ich spreche von einem *Quintfall mit Quinteintrübung*. Seine melodische Aufgabe ist, die Quinte der nächsten Sequenzebene, in diesem Fall der Ton fis als Quint von h-moll, leittönig von oben einzufassen.

Diese chromatische Anreicherung einer fallenden Stufensequenz ist keine Erfindung der Romantik. Vielmehr ist auch sie eine Vokabel, die über die Zeiten hinweg besteht und bestehen bleibt. Mozart macht sie zum Gegenstand seiner c-moll-Fantasie. Hier aber ein kleiner Ausschnitt aus dem Präludium der Partita in a-moll von J.S. Bach.

Die Quinteintrübungen befinden sich in Takt 8 in der linken Hand (b zu e) und in Takt 12 der linken Hand (as zu d): eine stufenweise fallende Sequenz, Fonte.

Im ersten Abschnitt des euphorisch tanzenden Finale füllt Florestan die Bühne ganz und gar aus. Das zweite Thema tanzt ein hemiolisches Menuett. Ein drittes Thema, ab Takt 390, wirkt wie ein *Abgesang*. Es ist der Abgesang des Eusebius. Ganz schlicht schreitet es in

Vierteln voran und kontrastiert so das hemiolische zweite Thema. Es steht gesichert auf dem triolischen Fluß des Dreivierteltaktes, ohne ihn auch nur einmal durch verlagerte Akzente in Frage zu stellen. Es ist *akzentlos*. Das ist der auffälligste Gegensatz zum zweiten Thema.

Die Harmonik und die sequenzielle Fortschreitung möchte ich durch das vorige Beispiel deutlich machen. Die Quintfall-Segmente im Baß zeigen, welchen Verlauf die Melodie und Harmonie nehmen. Sie steigen zunächst *sekundweise* (G-C und A-d), und dann, am Schluß, *terzweise* (C-F). Diese Kombination haben wir schon kennengelernt. Sie spiegelt die Terz*fall*sequenz in den Takten 1-3 des ersten Satzes, des Klaviersolos. Erinnern wir uns: dort wurden Terzfall-Segmente mit einem Sekundfall-Segment verbunden, um den Oktavrahmen nicht zu überschreiten. Dadurch entstand der Neapolitaner:

Hier nun, im letzten Satz, haben wir denselben Vorgang, nur *aufwärts*. So ist diese Stelle *rückschlüssig* zum Beginn - und allen Stellen, die aus dem Beginn erwachsen.

Eusebius spiegelt Florestan.

Doch das ist nicht alles. Diese Melodie tritt in einen Dialog mit der Cello-Kantilene im *Intermezzo*, dort ab Takt 29. Diese beiden Melodien wirken sehr ähnlich; die eine scheint eine Variation der anderen zu sein. Das liegt einerseits am Motiv des Sextsprunges aufwärts, der beiden gemeinsam ist. Doch der Hauptgrund ist der *Tonraum*, den die Melodien beide durchschreiten. Sie gehen von Quinte zu Quinte. Sie setzen von der Quinte an (wir sind in F-Dur, also c) und enden auch auf dieser. Holen wir noch einmal das Solo der Celli von Takt 29ff. des Intermezzo zum Vergleich hervor:

Auch diese Kantilene steht auf der Quinte. Die beiden Stollen sind gleich und schließen melodisch auf demselben Ton, eben der Quinte g (von C-Dur). Hans Sachs wäre zufrieden. Die Harmonisation ist in Takt 3 zunächst *unbelastet*, das heißt, daß sie nichts außergewöhnliches bringt: einen G-Dur-Septakkord. Bei der Wiederholung des Stollen aber sehen wir an der entsprechenden Stelle einen verminderten Septakkord, der dem Soloklavier vorbehalten ist. Die Leittöne, die in ihm enthalten sind, verweisen auf seine Strebigkeit: cis will nach d, b nach a. Dieser Akkord belastet also den Schlußton des zweiten Stollen und öffnet von C-Dur nach d-moll - ein *Monte*-Segment. Der folgende Abgesang schließt diese harmonische Öffnung. Er führt sie sequenziell zurück. Zunächst steigt der Satz nochmals um eine Quint nach a, um Raum zu schaffen für die Fontesequenz a-G. Auf diese Weise erfüllt der Abgesang nicht nur *hier* seine Aufgabe Er ist auch - vom Prinzip her - verheiratet mit der Bogensequenz des ersten Themas im Finale. Auch hier wird, wie kurz zuvor beschrieben, eine Aszendenz, der Terzstieg A-cis nämlich, über eine sekundweise fallende Sequenz (cis-h-A) geschlossen.

Was nun geschah vor der Melodie Takt 391ff? Aus welchem Prozeß heraus wird sie ihre Flügel ausbeiten?

In den Takten, die *unmittelbar* vorausgehen, erklingt das Kopfmotiv in den Streichern.

Ein harmonischer Bruch von einer hochchromatischen Passage zu einer tiefchromatischen: von A-Dur nach F-Dur. Das ist auch das große Thema bei Beethoven: seine Klaviersonate op. 101 beginnt in A-Dur, der schnelle Satz steht in F-Dur. In der Klaviersonate A-Dur op. 2,2 spielt der Konflikt mit F-Dur die entscheidene Rolle im zweiten Teil der Durchführung.

Schumann leitet F-Dur nicht durch eine Sequenz her, sondern durch eine harmonische Verwandlung. In melodischer Hinsicht ist es eine behutsame, langsame Überfahrt. Das kantable Thema wird aus dem Kopfmotiv des ersten Themas geboren. Fast wirkt es so, als würde sich das Kopfmotiv seiner Achtel entledigen und es würde nur der Gerüstsatz übrigbleiben:

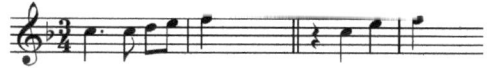

Harmonisch passiert folgendes:

Die Töne verändern ihre *Strebigkeit*. Der Ton ais in T 388 möchte nach h. Das bedeutet, daß auch der Ton c im Baß (T 389) nicht stabil ist und ebenfalls nach h fallen will. Ais in den hohen Streichern *dynamisiert* den Ton c in den Bässen. Nun aber kehrt sich die Strebigkeit dieser Chromatik stillschweigend um, und zwar während das Motiv wiederholt und imitiert wird: aus ais wird b. Das b möchte hinunter nach a. Dadurch verändert sich die Rolle der Mittelstimmen. Aus den *stabilen* Tönen, den Ligaturen (das übergebundene e und das übergebundene g, das zum gis wird) werden *dynamische* Töne, die das f umspielen: g von oben und e von unten. Der Baß verliert seine Strebigkeit abwärts und verändert sich zum stabilen Grundton eines Dominantseptakkordes in F-Dur. Von diesem veränderten Baßton aus, der Quinte c von F-Dur, setzt die Melodie an, zu ihm kehrt sie auch wieder zurück. Das ist wiederum rückschlüssig zur Cello-Kantilene ab Takt 29 im Intermezzo. So weben sich die Dinge ineinander.

Schauen wir nun auf die große bewegte Klavierpassage ab Takt 165, so sehen wir, daß das, was hier passiert, von der Kantilene ab Takt 391 zusammengefaßt wird. Die Sequenzen sind steigend, *wie auch die Melodie steigend sequenziert wird*. Umgekehrt entfaltet der Prozeß ab Takt 165 die Melodie in mehrere Sequenzabschnitte. Diese habe ich hier zusammengestellt:

In der ersten Zeile des Beispiels erscheint dieselbe Sequenz wie ab Takt 157 im ersten Satz, ein sequenzieller Rückschluß:

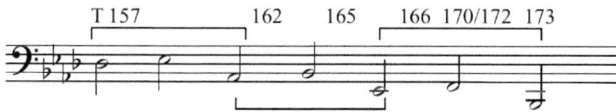

In der zweiten Zeile sehen wir ab Takt 286 ein System steigender Quinten, oder (besser noch), ein System steigender Sekunden, wenn wir Zweitaktgruppen zusammenfassen. Das war bereits im ersten Satz ab Takt 156 latent angelegt und wird nun zum großflächigen Ereignis. Es wird *rückschlüssig freigegeben.*

Hier, im letzten Satz ab Takt 286, ist diese Stelle mit 4-3 beziffert. Diese Vorhaltsbildung reichert die Sequenz an in der Tradition des Hochbarock, wo sie eine grundlegende Vokabel des Triosatzes war. Deshalb klingt diese Stelle so merkwürdig alt, trotz des virtuosen romantischen Klaviersatzes.

Darüber nun entfaltet das Klavier seinen virtuosen Taumel.

Und die Sequenz steigt und steigt, schafft dann wieder Raum nach unten, steigt erneut, wird wieder aufgegriffen, und immer so weiter, dem Ende des Satzes entgegen.

Dann wird alles gesagt sein. Doch der Schlußakkord wird mit dem Anfangsakkord zusammenfallen.

Und der Weg beginnt von neuem.

Epilog

Eusebius und Florestan nehmen sich an die Hand. Aus der Melodie wird der Prozeß geboren. Aus dem Prozeß der Tanz. Wohin führt der Tanz? Dreht er sich rauschhaft im Kreise oder hält er auf etwas zu, auf den Horizont, auf die Morgenröte?

Es funkeln auf mich alle Sterne
Mit glühendem Liebesblick,
Es redet trunken die Ferne
Wie von künftigem, großem Glück! -
(Eichendorff)

Alles ist miteinander verwebt. Der Augenblick ist Spiegel des Ganzen. Das Ganze ist Spiegel des Augenblicks. Nichts kann sich mehr von dem anderen trennen. Jedes Ereignis ist Ursache und Folge zugleich.

Das ist kein Gesetz. Das ist ein Geschenk. -

Herstellung und Verlag:
BoD - Books on Demand, Norderstedt
ISBN 978-3-7460-2853-8